愛

苫野一徳

講談社現代新書

2537

目　次

はじめに

人類愛

かつて、わたしは全人類を愛していた。「人類愛」。その愛を、わたしはごく単純にそう呼んだ。

当時のわたしには、すべての人類が、互いに溶け合い、結ぼれ合った姿が、ありありと、手で触れられそうなほどの確かさを持って、見えていた。そのイメージは、わたしには「愛」と呼ぶほか言葉の見つからないものだった。

「人類愛」について、当時わたしは次のように言い表していた。「今存在しているすべての人、かつて存在したすべての人、そしてまた、これから存在するすべての人、そのだれ一人欠けても、自分は決して存在し得ないのだということを、絶対的に知ること」。

人類は、たがいに完全に調和的に結ぼれ合っている。それゆえ人類は、そもそもにおいて、本来絶対的に愛し合っているのだ。

それはわたしが人生で味わった最も強烈な啓示であり、恍惚だった。わたしは世界の〝真理〟を知ったと思った。「人類愛」の真理を、わたしはこの目で見たのだった。

その後、わたしは「人類愛教」の〝教祖〟になった。なぜ、そしてどのようにしてそのような〝宗教〟ができ上がり、決して多くはないものの〝信者〟が集うようになったかという話は、かつて『子どもの頃から哲学者』という本に書いた。その後に続いた、「人類愛教」の崩壊と、わたし自身の壊れ、そして哲学による再生についても。

啓示とその恍惚

〝教祖〟をしていた頃、わたしは「人類愛」の真理を確かめるため、古今東西の思想書を渉猟《しょうりょう》していた。その中に、わたしはわたしと同じ啓示を受けた人びとを多数見つけた。いや、むしろ宗教家や思想家と呼ばれる人たちは、そもそも「人類愛」の真理に目覚めた人でなければならないと考えていた。

たとえば、古代インドにおける「梵我一如《ぼんがいちによ》」の思想。これはわたしには、「人類愛」を別様に言い表したものにほかならないように思われた。西田幾多郎《にしだきたろう》の言う「主客合一」や「彼我合一」といった境地も同様である。一九世紀アメリカの超越主義の思想家、ラルフ・ウォルドー・エマソンは、一切は「大霊」(Over-Soul)において一つであると言ったが、エマソンに見えていたものもまた、わたしが「人類愛」と呼ぶものに違いないと信じていた。

西田幾多郎の友人でもある鈴木《すずき》大拙《だいせつ》にいたっては、その著『禅』において次のような言葉を残している。

それぞれの個人の存在は、その事実を意識すると否とにかかわらず、無限にひろがり一切を包む愛の関係網に、何らかのおかげをこうむっているということである。そしてその愛の関係網は、われわれのみならず、存在するものすべてを漏らさず摂取する。実にこの世は一大家族にして、われわれひとりひとりがそのメンバーなのである。（鈴木大拙『禅』一九六頁）

総じて、禅を含む仏教の思想には、わたしに訪れた「人類愛」の啓示が、さまざまな仕方で表現されているように思われた。

ウィリアム・ジェイムズは、神秘的悟りとしての宗教的経験を次のように描き出している。

その基調はきまって和解である。世界にはさまざまな対立があって、この対立するものの矛盾と葛藤から私たちのあらゆる困難や苦労が生まれてくるのであるが、その世界における対立物がまるで融け合って一体となってしまったかのような気がするのである。（ジェイムズ『宗教的経験の諸相（下）』一九五頁）

これは、わたしの体験を過不足なく言い表す一節だった。和解、調和、一体、合一……。その恍惚に包まれることを、わたしは「愛」の名で呼んだのだ。

ニーチェは、その「ツァラトゥストラ」の思想を強烈なインスピレーションと共に得た。

啓示という概念は、突然、言うに言えないほど確かで微妙に、何かが**見えるように**なり、聞こえるようになるという意味だが、その何かは、人をもっとも深いところで揺さぶり、狼狽させる。その意味で、啓示はたんに事実を述べているだけのことである。人は聞くのであって、探すのではない。人は受け取るのであって、誰がくれるのかと質問はしない。稲妻のように思想はひらめく。必然的に、ためらいなどなく。——私は選択などしたことがない。恍惚となるだけだ。（ニーチェ『この人を見よ』一五四〜一五五頁）

これもまた、わたしの啓示体験そのものだった。「人類愛」の啓示は、長らくわたしを深い恍惚状態のうちにおいたのだ。

崩壊

今思えば、わたしは多くの思想家の中に、「人類愛」の啓示を受けた仲間を探していたのだった。エマソンに、ニーチェに、西田に、鈴木に、あるいは、ジェイムズが神秘的意識を哲学にまで高めた哲学者として挙げたヘーゲルに、わたしは「人類愛」の思想を仮託した。

彼らからすれば、迷惑な話である。

——啓示から数年後、幾人かの〝信者〟を残しつつも、「人類愛教」は崩壊することになった。

直接の原因は、それまで何年も躁鬱に悩まされてきたわたしの鬱が悪化したことにあった。しかしより根源的な理由は、わたしが哲学に本当の意味で出会ったことによる。

それまでのわたしは、哲学の何も理解していなかった。何しろわたしは、哲学も宗教も、「人類愛」の真理を悟り、それを語るものにほかならないと考えていたのだから。

しかし哲学とは、本来、まず何をおいても自らの確信を確かめ直す営みである。自身の信念や思想を問い直し、それが真に普遍性を持ちうるものであるか吟味する。

その過程において、わたしは、「人類愛」は、じつはわたしの病的な精神が作り上げた独りよがりなヴィジョンだったのではないかという疑いを抱いた。あれほどありありと見えたあの「人類愛」のイメージは、しかしじつは、わたし自身のある欲望によって作り出された、一つの幻影だったのではないか？

わたし自身の、ある欲望によって――？

バタイユと「連続性」

ジョルジュ・バタイユの、「連続性へのノスタルジー」。

人間は、他者から隔絶した一個の個体として生きている。この世界にただ一人投げ出され、孤独に死んでいく不連続な存在。しかしそれだからこそ、わたしたちは「失われた連続性へのノスタルジー」を底に抱きながら生きている。つながり合うこと、一つになること。そのような欲望を、わたしたちは絶えず滾《たぎ》らせている。

この欲望を、最も高い次元で実現するもの。バタイユによれば、それが人間的エロティシズムであり、宗教である。「性活動において他者は、絶えず連続性の可能性を与え続けている」(『エロティシズム』一七〇頁)。宗教の本質は、「失われた内奥性(連続性――引用者)を再探求することにある」(『宗教の理論』七四頁)。

人間的エロティシズムは、二人で一つに溶け合ったわたしたちに、わたしたちの生がじつは「連続性」の中にあるべきものであったことを告げ知らせる。同様に、宗教的恍惚は、わたしたちを聖なる「連続性」、別言すれば、全生命体の連続的な混沌へと誘う体験にほかならない。

失われた連続性へのノスタルジー。この言葉は、バタイユが、人間は本来、連続性の中における存在であったと考えていたことを暗示している。人類は、元来、全生命体の中に溶け込む連続的な生命体であったのだ。

しかし人間は、この連続性を断ち切り自己意識を持つ「個体」になった。ここに、自然の第一の「否定」がある。連続性を否定することで、人間は全生命体から断絶した不連続な存在(個体)になったのだ。

しかし人間は、この自ら断ち切り否定した連続性への郷愁を、つねにその内に滾らせている。そうバタイユは言う。つまりわたしたちは、世界と切り離された孤独な「個体」であり続けることに耐えられないのだ。それゆえわたしたちは、「不連続」になった自己を再び否定し――否定の否定――連続性へと立ち戻ろうとする。エロティシズムや宗教は、そのような回帰体験にほかならない。

バタイユの「連続性」の思想は、わたしの「人類愛」の啓示と、深いつながりを持つもののように思われた。それゆえかつてのわたしにとっては、バタイユもまた「人類愛」のリストに入れるべき思想家の一人だった。

しかし今、わたしは、かつてわたしが自分自身に向けた疑いの目をバタイユにも向ける。

この原初の「連続性」なるものを、わたしたちのいったいだれが確かめることができるのだろう？　それは言葉を変えれば、「人類愛」の真理なるものを、いったいだれが確かめうるのかという問いでもある。

バタイユにとって、「連続性」は、わたしたち人間の、かつての生命体としての本源的な存在仕方であった。

他方、わたしの「人類愛」もまた、人間の本源的な存在仕方である。人類は、その真理においては、本来絶対的に愛し合っている……。

しかしそのことを、わたしたちのいったいだれが確かめることができるのだろう？

「連続性」も「人類愛」も、どれだけバタイユやわたしに疑い得ない体験として啓示されたものであったとしても、確かめ可能な普遍性を探究する哲学の立場からすれば、一種の虚構と言うほかないものなのではないか？　哲学徒である限り、わたしは、わたしにだけ見えていたものを、絶対の真理であると強弁するわけにはいかない。哲学は、自身の信念や思想の〝確かめ可能性〟を絶えず吟味するものでなければならないのだ。

それは孤独の反動だった

しかし、それでもなお、わたしにはあの時、「人類愛」のヴィジョンが確かに見えていた。過去、現在、未来の、すべての人類が、互いに溶け合い結ぼれ合い、したがって愛し合う、ありありとした映像が。

あれはいったい、何だったのか？

バタイユは、自らの恍惚体験――連続性との交流《コミユニカシオン》――をその『内的体験』に記しているが、その中で次のような聞き捨てならないことを言っている。

恍惚とは、「不安のただひとつの正しい解決」である（『内的体験』二五二頁）。

不安？　不安とは何か？

別の箇所でバタイユは、自らの「内的体験」――恍惚体験――を「死の不安と恍惚とが互いに合成し合う」体験とも述べている（前掲書、一四頁）。バタイユにとっての「不安」とは、おそらく第一義的には死の不安であった。

ここでわたしは、次のような疑念を抱かずにはいられない。

「連続性」なるものは、人間の本源的な存在仕方などではさらさらなく、じつは死の怖れ、不安から生み出された、単なる反動としてのロマン的世界像なのではないか？

わたしたちは、自分が死すべき存在であるということ、孤独な——不連続な——存在であるということ、さらに言えば、孤独に死んでいく存在であるということを知っている。

しかしわたしたちは、時にそのことに耐えられない。ハイデガーなら、だからこそ人は、死を隠蔽し日常を頽落《たいらく》の中で生きている、と言うだろう。しかしわたしたちは、この怖れや不安を打ち消すために、いわばより積極的に、あるロマンの世界を作り出し、それに憧れつつ生きることもある。死の怖れ、孤独の不安。これらを打ち消すために、わたしたちは死も孤独もない彼岸の世界——連続性の世界——を思い描くのだ。

しかしこのロマンは虚構である。ニーチェの有名な言葉を引用しよう。

> 形而上学の心理学によせて。——この世は仮象である。したがって或る真の世界がある、——この世は制約されている、したがって或る無制約的な世界がある、——この世は矛盾にみちている、したがって或る矛盾のない世界がある、——この世は生成しつつある、したがって或る存在する世界がある、——これらの推論はまったくの偽

りである（Aがあるならば、その反対概念Bもまたあるにちがいないという、理性への盲目的信頼）。こうした推論をなすよう霊感をあたえるのは苦悩である。すなわち、根本においてはそれは、そのような世界があればとの願望である。同様に、苦悩をひきおこす世界に対する憎悪は、別の、もっと価値のある世界が空想されるということのうちに表現されている。すなわち、現実的なものに対する形而上学者たちのルサンチマンがここでは創造的となっているのである。（ニーチェ『権力への意志（下）』一一一〜一一二頁）

ニーチェに倣《なら》って言うならば、「連続性へのノスタルジー」とは、じつのところ、「われわれは不連続な存在である。したがってある連続性の世界がある」という、死や孤独の不安を打ち消す願望によって描き出された虚構的ロマンなのではないだろうか？（「Aがあるならば、その反対概念Bもまたあるにちがいない」という反動的ロマン！）

このことは、わたしの「人類愛」にもそっくり当てはまる。

世界は苦悩に満ちている。したがって、苦しみのない愛に満ちた世界がある。

人びとは互いに蔑《さげす》み合っている。したがって、互いへの愛に満ちた世界がある。

わたしは孤独である。したがって、人類が結ぼれ合う愛に満ちた世界がある。

——わたしに「人類愛」の霊感を与えたもの、それはじつは、わたし自身の孤独の不安や苦悩だったのではないか？

「愛」とは何か？

以上のことを、わたしは哲学に本当の意味で出会ったことで理解した。それは、いわば第二の恐るべき悟りだった。「人類愛」とは、世界の真理などではさらさらなく、わたし自身の孤独の苦悩を打ち消したい欲望によって作り上げられた幻影だったのだ。

こうしてわたしは、それまで自分が信じていたもののもろともに、壊れ去った。

その後しばらく続いた暗鬱の時期の後、わたしは「人類愛」の思想をきっぱりと捨て去った。そうして、〝確かめ可能〟な普遍性を探究する営みとしての、哲学の道に入った。

しかし、その後も長らく、どうしても分からなかったことがあった。

わたしにありありと見えていたあの「人類愛」のヴィジョンは、確かにわたしの孤独の苦悩が生み出した幻影だったのだろう。しかしそれでもなお、あの時わたしは、確かに「人類愛」の恍惚を胸一杯に味わっていた。わたしは全人類を愛していると感じていたし、また全人類から愛されていると感じていた。

あの〝感じ〟は、いったい何だったのか？　あの〝感じ〟がわたしにやってきたことそれ自体は、今なお拭い去れない確かな感触だ。しかしあれは、本当に「愛」と呼ぶべきものだったのか？　そう呼ぶほかにわたしは言葉を見つけられなかったが、しかしあれは本当に「愛」だったのか？

　そうだとするなら、なぜなのか？　もしそうでなかったとするなら、いったい全体何だったのか？　そして、ではそもそも、「愛」とはいったい、何なのか？

第一章　「愛」の哲学序説

1　「愛」の理想化とその挫折

愛されないわたし

わたしの「人類愛」は、わたしの孤独、不安、苦悩によって生み出された反動的ロマンだった。すなわち、満たされなさの反動によって思い描かれた、理想の世界。孤独なわたし、愛されないわたし、承認されないわたし。しかしその現実を受け入れられないわたしは、世界の真理は実は「人類愛」にこそあると考えた。人類は本来、絶対的に愛し合っている！　この「人類愛」の啓示の中で、わたしは世界を愛し、世界から愛されている恍惚を味わった。

しかしその正体は、生に不満、不安を抱えるわたし自身の、反動的ロマンにほかならなかったのだ。

このことを理解したわたしは、その後しばらくして、このような反動的ロマンとしての「愛」の思想は、真面目な悩める若者に典型的な思想であることに気がついた。

たとえば、若きヘーゲル。彼もまた、二十代の頃には「愛」こそが世界を救う最後の砦であると考えていた。そしてその後、彼もまた「愛」の思想に挫折した。

この世界は矛盾に満ちている。いくつもの正義が、我こそが正義であると主張し、たがいに争い合っている。そのことに、若きヘーゲルは心を痛めた。古くはキリスト教とイスラームの、またカトリックとプロテスタントの、血で血を洗う争いがあった。近代以降においても、資本主義と社会主義の戦いや、宗教原理主義の戦いなどを、わたしたちは目撃し続けている。

これを調停できるのは、愛をおいてほかにない。二十代のヘーゲルはそう考えた。

愛は〔個別的な〕諸徳の補完である。諸徳につきまとうすべての一面性、排他性、被制約性は、愛によって止揚されており、もはや有徳な罪悪とか罪悪的な徳行とかいうものはなくなっている。なぜなら愛は、生きとし生けるすべての存在自身の生ける関係だからである。愛においてはすべての分離、すべての制限された状況は消え去っており、したがって諸徳の制限もなくなる。（ヘーゲル『キリスト教の精神とその運命』八七頁）

愛こそが、すべての対立を調停し統合する救いの道である。

ところがヘーゲルは、その後そのような自身の理想を打ち捨てることになる。

排他的な徳の持ち主、すなわち自らを正義と信じて疑わない者は、後の『精神現象学』では「徳の騎士」と呼ばれている。自らの正義を掲げて、その正義に従わない者を断罪する独善的な騎士。それが「徳の騎士」である。

『精神現象学』におけるヘーゲルは、これら「徳の騎士」の戦いを、もはや愛によって調停せよと説くことはない。歳を重ねるに従って、ヘーゲルは愛による救いを断念するようになったのだ（代わりにヘーゲルが説くようになるのは、知られているように「相互承認」の哲学である）。

その理由を、哲学者の西研は次のように述べている。

> 愛はたしかに、人々のあいだに通う「合一の感情」だ。しかしそれは二人や数人、せいぜい小集団のなかで通い合うだけで、それ以上には広がらないのではないか。つまり、愛はもともと狭い範囲にしか通用しない。
>
> さらに、愛は所有権や法律をほんとうに「超え出る」ことはできないのではないか。たしかに、愛し合う者どうしのあいだでは権利も法律も不要になるだろう。しかし、権利と法律はあいかわらず世界のなかで働きつづけ、対立も処罰も起こりつづける。権利と法律なき世界は考えられないのだ。（西研『ヘーゲル・大人のなりかた』六四頁）

愛による世界調停は、あまりに非現実的な理想にすぎないのだ。

わたしの苦悩、わたしの不安、社会の闘争、世界の矛盾……。これらの問題を抱え込んだ若者は、時に、それらを一挙に解決しうる反動的ロマンの世界を夢に見る。ヘーゲルの「愛」しかり、わたしの「人類愛」しかり。「絶対の正義」や「絶対の真理」などと呼ばれるものもまた、その一つの類型である。

「世界の崩壊」の夢想もまた、破壊的な反動的ロマンの一種である。このような苦しみに満ちた世界など、消えてなくなってしまえばいいのに……。「世界の崩壊」を願う若者は、彼岸の世界を夢見る代わりに、世界それ自体を一挙に〝消去〟するロマンを抱くのだ。

人類は互いに愛し合えるはずである。そのような素朴なロマン主義的人間を、青臭い青年期の思想を脱した後のヘーゲルは、『精神現象学』において「心胸《むね》の法則《のり》」として描き出している。「わたしの心の法則こそが普遍的な法則である」。「心胸の法則」の人は、そのように自らの理想を素朴に信じようとする。若きヘーゲルも、そしてわたしもまた、この「心胸の法則」を素朴に信じる青年だった。

愛の騎士

このような〝素朴なロマン主義〟に加えて、愛をめぐる反動的ロマンには、ほかにもいくつかの類型がある。

たとえば、名作『出家とその弟子』で知られる、大正から昭和初期にかけての劇作家、倉田百三《くらたひゃくぞう》。

彼の思想は、〝愛の理想理念化〟とでも呼ぶべきものだ。それは、〝素朴なロマン主義〟が、個人の素朴な信条を踏み越えてより激烈な〝当為〟となって自己や他者へと迫っていく類型である。

倉田もまた、おそらくは若者特有の満たされなさゆえに、「慟哭《どうこく》せんほどの抱擁《ほうよう》」を求めた人だった（『愛と認識との出発』一〇三頁）。魂が溶け合うようにして愛し合える人がほしい。そんな願いを抱えた倉田がはじめに描いた愛の姿は、「主観が客観と合一して生命原始の状態に帰らんとする要求」である（前掲書、九七頁）。西田哲学の色濃い影響を受けた思想だが、わたしの「人類愛」やバタイユの「連続性」とも、さして変わらぬ思想と言える。

その願いは、ほどなくして叶えられることになる。倉田は激しい恋に落ち、これこそが求めていた愛であったと確信する。こちらが気恥ずかしくなってしまうほどの筆致で、彼は次のように書く。

ああ私は恋をしてるんだ。これだけ書いた時涙が出てしかたがなかった。私は恋のためには死んでも構わない。私は初めから死を覚悟して恋したのだ。私はこれから書き方を変えなければならぬような気がする。何故ならば私が女性に対して用意していた芸術と哲学との理論は、一度私が恋してから何だか役に立たなくなったように思われるからである。私は実に哲学も芸術も放擲《ほうてき》して恋愛に盲進する。（前掲書、一〇五頁）

しかし彼がやがて思い知ったのは、この愛は、じつはおのれの単なるエゴイズムであるということだった。より直截《ちょくせつ》に言えば、彼はただ、おのれの性欲のゆえに恋人を求めていたにすぎなかったのだ。「主客合一」の愛によって恋人と結ばれたと信じ込んでいた彼は、しかし彼女を失うにおよんで、おのれの愛などただのエゴイズムであったことを思い知らされることになる。

こうして、恋人を失い、一時は自殺さえ考えた倉田は、しかしその後、エゴイズムとは隔絶した絶対の愛があるはずだと考えるようになる。男女の愛など、しょせんはエゴイズムである。しかしこの世には、そのようなエゴイズムには決して回収されない愛があるはずだ。

彼が行き着いたのは、キリスト教の隣人愛である。

私は今は隣人の愛のみ真実の愛であると信じている。母子の愛と男女の愛とは愛と異なるのみならず、相乖《あいそむ》くものである。それは愛ではなくてエゴイズムの系統に属するものである。多くの人はこれを混同している。（前掲書、一五三頁）

恋の挫折は、その反動から倉田に絶対愛の希求をもたらした。倉田は自身の思想を、〝愛の理想理念〟へと展開したのだ。

しかし〝理想理念〟は、遅かれ早かれ「これこそが絶対の真理である」と主張し、「徳の騎士」へと容易に変貌してしまうものである。

事実、倉田はやがて次のように主張するようになる。

著しくいわば、真に徹底せる愛は、真理を強いることである。マホメットが剣を以て信じさせようとした心持には、愛のある真理が含まれている。（前掲書、一九三頁）

倉田の愛の思想は、〝素朴なロマン主義〟（心胸の法則）を踏み越えて、自身にも他者にも絶対利他の〝当為〟を迫る、典型的な「徳の騎士」へと至ったのだ。

ロマンに敗れたニヒリズム

〝素朴なロマン主義〟と〝愛の理想理念化〟に続く、三つ目の反動的ロマンは、やや逆説的な言い方ではあるが〝ロマンに敗れたニヒリズム〟である。

たとえば、「惜しみなく愛は奪う」と言った、白樺派《しらかばは》の作家、有島武郎《ありしまたけお》。

有島もまた、倉田と同じように、若い頃はおのれのロマンをキリスト教に投影した作家である。キリスト教の絶対性、唯一性、またそこにおける愛の絶対性は、おのれの存在の不確かさゆえに絶対確実なものを希求する、若者の心を強く捉える。

しかしその後、有島もまた、倉田同様、おのれの愛の中にエゴイズムを嗅ぎ取ることになる。「私は明かに偽善者だ」。そう気づいた有島は、しかし倉田のようにその反動から絶対の愛を希求するのではなく、むしろ愛とは、そもそもにおいて徹頭徹尾エゴイスティックなものであると考えるようになる。要するに有島は、〝ロマンに敗れたニヒリズム〟に陥ったのだ。

有島によれば、自己はそもそも、絶えず自己増大をめがける自己愛的存在である。それゆえ、他者への愛がどれほど利他的に見えても、その本質は相手を自己の内部へと取り込むことにある。

アミイバが触指を出して身外の食餌《しょくじ》を抱えこみ、やがてそれを自己の蛋白素《プロトプラズム》中に同化し終るように、私の個性は絶えず外界を愛で同化することによってのみ生長し完成してゆく。〔中略〕例えば私が一羽のカナリヤを愛するとしよう。私はその愛の故に、美しい籠《かご》と、新鮮な食餌と、やむ時なき愛撫とを与えるだろう。人は、私のこの愛の外面の現象を見て、私の愛の本質は与えることに於《おい》てのみ成立つと速断することはないだろうか。然《しか》しその推定は根抵《こんてい》的に的をはずれた悲しむべき誤謬《ごびゅう》なのだ。私がその小鳥を愛すれば愛する程、小鳥はより多く私に摂取されて、私の生活と不可避的に同化してしまうのだ。（有島武郎『惜みなく愛は奪う』三〇五〜三〇六頁）

有島に言わせれば、わたしたちの欲望や行為の一切はエゴイズムに基づいているのであって、純粋な与える愛など存在しないのだ。

『惜みなく愛は奪う』は有島四三歳の時の作品だが、これもまた、わたしには思春期の真面目な青年に特有の思想であるように思われる。自己犠牲的な愛など本当は存在しないのではないか？　わたしの愛は、本当はエゴイズムで一杯なのではないか？　このような疑念は、十代や二十代の頃にだれもが一度は抱いたことがあるはずのものだ。

これらは「愛」の幻影にすぎない

〝素朴なロマン主義〟、〝愛の理想理念化〟、そして、〝ロマンに敗れたニヒリズム〟。これらはいずれも、愛に限らずさまざまな青年期の思想を象徴するものだ。何らかの苦悩を抱える若者は、その苦悩を一挙に打ち消すロマン的世界を時に求める。絶対的な「愛」だけではない。美、宗教、社会正義など、さまざまな〝理想理念〟を彼らはその胸に抱く。そして、それらを素朴に信じたり、激烈に理想化して正義の人間になったり、あるいはまた、そのロマンそれ自体にも敗れて、ついにはニヒリズムに陥ったりしてしまう。

しかしこれらの思想のうちに、わたしたちは本当に「愛」の真実を見出すことができるだろうか？

愛は、有島が言うように、本来、徹頭徹尾エゴイスティックなものなのだろうか？　その反対に、倉田が言うようにエゴイズムを撤廃した絶対の隣人愛なのだろうか？　あるいはわたしの「人類愛」のように、自身や世界の苦悩、矛盾を、一挙に解決してくれる絶対的調和なのだろうか？

今のわたしには、右のいずれの思想も、青臭い反動的ロマン以外の何ものでもないように思われる。わたしたちは、確かに生の満たされなさゆえに絶対の「愛」を希求することがある。しかしそのような希求によって描かれた「愛」など、ルサンチマンによって捏造《ねつぞう》された〝理想〟にすぎない。

それは「愛」ではなく、ただ愛の影にすぎないのだ。

2　ニーチェの「愛」

ルサンチマンが生み出す「愛」

倉田百三は、愛とは本来キリスト教的な隣人愛でなければならないと主張したが、この隣人愛こそ、典型的なルサンチマンの反動にほかならないと主張したのがニーチェである。

周知のように、『道徳の系譜』において、ニーチェは「非利己的」であることが「よい」ことであるとする今日の道徳思想を攻撃した。そしてそこから、「愛」とは「非利己的」なものであるとする愛の思想もまた激しく批判した。

古代において、「よい」とは強者が思いのままに生きられることを意味していた。それに対して「悪い」とは、弱者が情けなくもおのれの欲望を叶えられないことをいった。

しかしキリスト教がすべてを変えた。そうニーチェは言う。虐《しいた》げられた弱者の宗教であるキリスト教は、その強者に対するルサンチマンから、弱者こそが善であり、強者こそが悪であるという、顚倒《てんとう》した価値観を創り出したのだ。惨《みじ》めで悩める者、貧しく病める者こそ、神に愛される者である。彼らはこうして、それまでの「貴族道徳」を「奴隷道徳」へと顚倒させてしまったのだ。

ニーチェは続ける。キリスト教は、人間は罪深い存在であると言う。生まれながらに「原罪」を背負った者であると言う。しかしこれは、弱者がおのれの弱さゆえに抱く、「良心の疚《やま》しさ」の最終形態にほかならないのだと。

強く高貴な人間であれば、おのれの存在に疚しさを感じることなどはない。しかし弱い自分、すなわち、誰かに〝借り〟を返すこともできないような弱い自分に疚しさを抱くルサンチマンの人間は、それゆえに、人間とはそもそもにおいて罪深い存在であるなどという歪んだ思想を創り出すのだ。

こうしてついに、キリスト教は「天才的な弥縫策《びほうさく》」を発明した。そのような弱き人間たちは、しかし神（キリスト）の自己犠牲によって救いを得たのだと。神はわたしたちのためにおのれを犠牲にしてくださった。なぜか？　――「愛」のゆえに！

ニーチェにとって、キリスト教における「愛」とは、ルサンチマンを抱えた弱者によって贋造《がんぞう》された、いわばご都合主義的な神の非利己的精神にほかならないのだ。

弱い人間は、この世にはそんな自分をも愛してくださる、絶対的に非利己的な存在（神）がある――あるべきだ――と考える。そしてその神に倣って、人はだれもが非利己的にたがいに愛し合う必要があると考える。その時、人類は救われるであろう！

愛は利己的な戦いである？

しかしこれらの思想は、すべてルサンチマンによる捏造である。ニーチェはそのように言う。そして「愛」を次のように定義し直す。

――私のつくった愛の定義を聞いた人はいるだろうか？　あれこそが哲学者にふさわしい唯一の定義なのだが。つまり、愛とは、――その手段においては戦争であり、その根底においては両性間の死ぬほどの憎悪である。――どうやって女は**治療**されるのか、――「救われる」のか、という質問に対する私の答えを聞いた人はいるだろうか？　子どもをつくってやればいい。女には子どもが必要だ。男はいつも手段にすぎない。（ニーチェ『この人を見よ』九九～一〇〇頁）

ニーチェは、愛をいわば生理学化した。愛とは、ルサンチマン人間によって都合よく思い描かれた非利己的なものではない。その本質は、両性間の戦いを通した〝子作り〟にある。

〝子作り〟というのは、一つの象徴であり比喩でもある。〝子作り〟と言わないとするなら、ニーチェによればそれは「創造」である。

> あらゆる大いなる愛は、同情としての愛のすべてより、さらに上にある。というのは、大いなる愛は、さらに愛の対象を——創造しようとするからだ！（ニーチェ『ツァラトゥストラ（上）』一六〇頁）

愛は、ルサンチマン人間が惨めに求めるお恵みなどではなく、高貴で創造的な人間が、自らの強さをもって他者に向かう精神なのだ。ニーチェは言う。「しっかり**自分の**尻ですわり、勇敢に自分の足で立っていないと、愛することなど**できない**のに」（『この人を見よ』九八頁）。

ここには、先の〝素朴なロマン主義〟とも、〝愛の理想理念化〟とも、〝ロマンに敗れたニヒリズム〞とも違った愛の第四の思想がある。有島が、ロマンに敗れたニヒリズムのゆえに、愛とは結局エゴイズムにすぎないのだと主張したのに対して、ニーチェは、彼岸的な愛など端《はな》から眼中に入れることなく、愛とは徹頭徹尾利己的な戦いであると断じるのだ。

このニーチェの思想は、「愛」の本質を的確に捉えていると言えるだろうか？

「愛」がルサンチマンからは生まれ得ないというニーチェの主張は、その通りだ。自己価値不安に怯え、それゆえに人や自分自身に対してさえ攻撃性を向けるルサンチマンの人間は、人を愛することなどできない。彼らの世界に対する根本姿勢は、不安や憎悪や自己卑下であるからだ。

ニーチェによれば、キリスト教の「隣人愛」は、弱い自分が愛されたいがゆえに、神や隣人からの非利己的精神を求めることで生じたものである。

> きみたちは、自分自身に我慢がならず、自分を充分に愛していない。そこで、きみたちは、隣人を誘惑して自分に好意をいだかせ、隣人の思い違いでもって自分を金めっきしようと欲するのだ。（ニーチェ『ツァラトゥストラ（上）』一一〇頁）

それに対して、自己の価値を自ら健全に承認している人間は、その力のゆえに、他者を受け入れ、愛することができる。「病める者」が幸いなのではない。愛を知るのは彼らではない。高貴で創造的な精神の持ち主だけが、愛を知るのだ。自分を愛する者だけが人を愛せる。これはほとんど常識の範疇《はんちゅう》に属する。

しかし愛は、ニーチェが言うように、本当に「非利己的」なものではないと言えるだろうか？

この点、ニーチェの主張は、キリスト教批判に引きずられすぎて、その本質をつかみ損なっているようにわたしには思われる。「非利己的」であることを「よい」とするキリスト教道徳の背後に潜むルサンチマンを暴《あば》き出したいがために、彼は勢い余って、「愛」の非利己的本質までも叩きのめしてしまったのではないか？

ニーチェが言うように、キリスト教における愛がルサンチマンによって捏造された非利己的愛であったとしよう（わたしにはこの主張自体がいくらか一面的にすぎるようにも思われるのだが）。しかしその上でなお、わたしたちは、愛の非利己性それ自体を否定し尽くすことができるだろうか？

ルサンチマン人間が、おのれの価値を認められたいがためにだれかを愛するふりをする時、そのようにして見返りを求めようとする時、わたしたちはそれを愛とは確かに見なさない。しかし、ニーチェが言うところの〃高貴〃な人間が、その強さゆえに、たとえば自らの命を犠牲にしても愛する人の命を守ったとするならば、わたしたちはそれを――おそらくはニーチェであっても――まぎれもない「愛」と呼ぶのではないか？　その非利己的行為を、「愛」の行為と呼ぶのではないか？　ニーチェが批判すべきだったのは、愛の非利己性を説く思想の背後に潜む動機のみだったのであって、愛の非利己性それ自体ではなかったのではないか？

愛の「むずかしさ」

愛とは絶対利他の精神である、とか、世界との絶対調和（人類愛）である、とかいった思想は、わたしたちが、おのれの生の満たされなさの反動を、ただ「愛」の名に仮託して捏造したものにすぎない。そこにあるのは、現実の「愛」の姿ではなく、わたしたちがその観念を弄《もてあそ》んで作り出した彼岸の理想である。

しかし同時に、ニーチェのように、そのような理想主義へのさらなる反動から、愛は非利己的なものではないと結論づけるのも早計である。

愛の本質を洞察するためには、わたしたちは、まずは自らの「愛」の経験を確実に捉え、それを言葉に持ち来らさなければならない。愛のイメージをさまざまに弄ぶのではなく、「わたしは今、確かに愛を味わっている」というその確かな実感から、わたしたちは愛の本質を描き出さなければならないのだ。

その時わたしたちは、愛の非利己性を本当に否定してしまうことができるだろうか？

――しかしこのことは、重なり合う二つの理由からきわめて困難な道である。

一つは、「愛」の確かな経験を、わたしたちがいささかの疑いもなく味わうことのむずかしさにある。「わたしはこの人を確かに愛している」。このような実感を、わたしたちはそう容易に味わうことはできないのだ。

単なる愛着や、あるいは性欲などであれば、わたしたちはこれを容易に味わうことができる。「この人（モノ）が好き」。そのような愛着は、わざわざ自分を省みるまでもなく、わたしにありありと感じられるものである。性欲もまた、わたしたちにいささかの疑いもなく〝やって来る〟。そしてそれが性欲であることを、わたしはありありと感じ取る。

しかし「愛」は違う。「愛」もまた、確かにこの胸に感じ取られるものではある。しかしただ一言で「愛」と呼ばれる感情は、「だがこれは本当に愛と呼べるものなのだろうか？」と、わたしたちを多かれ少なかれ自問自答させる。ちょうどわたしが、わたしの感じた「人類愛」を、本当に「愛」の名で呼んでよいのだろうかと自らに問わねばならなかったように。

自分の感情に、利己的なものは混じっていないか？　もしあったとしたら、それを愛と呼んでいいのだろうか？　相手の幸福のために、自分を犠牲にすることはできるだろうか？　もしできなかったとしたら、それを愛と呼べるだろうか？　……それが夫婦愛であれ、友愛であれ、親の子に対する愛であれ、わたしたちはこのように、時に自分の愛をいわばその〝正しい理念〟の側から吟味しようとするのだ。

それゆえわたしたちは、「これこそが愛である」と、自らの感情をいささかの疑いもなく断定することがきわめてむずかしい。愛着や性欲が確実にそれと知られるのに対して、一言で「愛」と呼ばれる情念は、ただありありと味わわれるだけのものではない。ある種の〝理念性〟が、そこには本質的に備わっているのだ。

愛の理念性

愛の〝理念性〟。ここに、愛という概念の一つの本質がある。そして、愛の本質洞察が困難であるもう一つの理由は、まさにこの愛の〝理念性〟にある。

一般的な情念が、向こうから〝やって来る〟もの、あるいは内から〝湧き上がって来る〟ものであるのに対して、愛は、一度わたしたちの理性を通して吟味されずにはいられない、いわば理念的情念なのだ。あるいはこうも言える。愛とは、情念であると同時に、一つの理念でもある、と。

愛の〝理念性〟、それはちょうど、「美」が〝きれい〟〝心地よい〟といった感性的な概念を超えた、理念性を帯びた概念であるのと同様である。

〝きれい〟や〝心地よい〟は、先の愛着や性欲と同様、肉感的に、五感全体を通してわたしたちに感じられるものである。「きれいな人」や「心地よいソファ」は、わたしたちの感官に快感を与え、ただ楽しませてくれるだけのものにすぎない。それに対して、「美しい人」や「美しい家具」といった表現には、ただの快以上のものが含意されている。「正しさ」「よさ」「完全さ」といった、何らかの価値理念が表現されているのだ。

同様に、わたしたちは「愛」という言葉に何らかの価値理念を感じ取っている。単なる「好き」や「性欲」とは違って、愛には何か〝正しいあり方〟のようなものがあるのではないかと、つねにどこかで考えているのだ。

それゆえ、一言で「愛」と言った時、わたしたちは、時に一切の〝わたし〟の項を捨象した絶対利他の愛をイメージすることがある。あるいは「人類愛」のように、世界の一切の矛盾や苦悩を克服しうる絶対調和の理念をイメージすることがある。

カントが言ったように、わたしたちの理性は究極を推論せずにはいられない本性を持っている（『純粋理性批判』）。世界の始まりはあるのかないのか。その究極原因を、わたしたちは推論せずにはいられない。神はいるのか、いないのか。わたしたちの理性は、こうした世界の根本原因を推論せずにはいられない。そしてそれゆえにこそ、神や世界の始まりなどについて、決して確かめることのできない形而上学的な世界像をさまざまに思い描くことになるのだ。

「愛」も同様だ。「愛」の概念をわたしたちが獲得して以来、わたしたちの理性は、その究極の姿を推論せずにはいられなかった。そうしていつしか、現実にはありもしない究極的な「愛」のイメージを、さまざまな仕方で思い描くようになったのだ。

ここに、愛の本質を洞察することの困難がある。愛は、倉田百三が希求した絶対的「隣人愛」にせよ、わたしの「人類愛」にせよ、その〝理念性〟のゆえに、現世を超えた彼岸的なものを思い描かせてしまう力をそもそも持っているのだ。ちょうど、真、善、美などの概念が、わたしたちに「絶対の真理」「絶対の善」「絶対の美」といった彼岸的なものを思い描かせてしまうのと同じように。

後にまた見るように、キリスト教（プロテスタント）の「愛」は、神の絶対的な与える愛、すなわち「アガペー」である。しかしこれもまた、極度に理想理念化された、彼岸的な愛の概念と言うべきである。そして多くの西洋哲学者は、このキリスト教の伝統に引きずられすぎて、「愛」を過度に理想化し、その本質を十分に解明し得てこなかったようにわたしには思われる。

しかしそれも、ある意味では仕方のないことなのだ。キリスト教の影響や伝統いかんにかかわらず、「愛」はその〝理念性〟のゆえに、わたしたちに容易にその〝理想理念〟を思い描かせてしまう概念なのだ。

しかし愛の本質を正しく捉えるためには――その現実の姿を描くためには――わたしたちは愛の理想理念に思いをいたすのではなく、〝このわたし〟に確かに味わわれている愛の体験、その理念的情念の本質をこそ洞察しなければならない。そしてその普遍性を、広く問い合わなければならない。そうでなければ、わたしたちはいつまで経っても、愛を浅薄な概念――非現実的な彼岸的理念か、さもなくば単なる性的欲望などに還元してしまうような――に押しとどめ続けることになるだろう。

しかしこの困難な道を、わたしたちはどうすれば歩むことができるだろうか？

3　哲学的本質洞察

科学は愛の本質を解明できない

二つの誤解を解くことから始めよう。

第一に、愛の本質は〝科学〟によって解明することは決してできない。

確かに、科学は今日、「愛」のメカニズムを脳や遺伝子などさまざまな観点から解明することに成功している。しかしどれだけ現代科学が進歩しようが、原理的に言って、「愛」の本質を科学的に明らかにすることはできないのだ。

たとえば、多くの科学者は「愛」——とりわけ「恋愛」と呼ばれるもの——は遺伝子を残すための本能だと考えている。その証拠として、人が恋をしている時に活性化しているのが、報酬系と呼ばれるきわめて原始的な脳の部分であるという点が挙げられる。報酬系は、文字通り報酬、つまり生きるため、あるいは繁殖するために必要なものを得るために、わたしたちを駆り立て、その獲得に強い快感を感じる部分である。

恋をすると、特にこの報酬系の重要な部分である腹側被蓋野《ふくそくひがいや》が活性化し、脳内麻薬ドーパミンが分泌される。するとわたしたちは、その快楽のとりこになって、報酬の獲得——

恋の相手を手に入れること――をほかのすべてに優先させるようになる。

　恋はわたしたちの理性を失わせるが、それは科学的には、「遺伝子を残す」という生物にとって最大の報酬を得るために、わたしたちの本能がそれ以外のすべてをシャットアウトしているからなのだ。

　しかしこうした科学的な説明は、愛（恋愛）について考えるにあたっての参照すべき重要な知見ではあるが、どこまでも愛という現象の（仮説的な）〝説明〟にすぎない。それはつまり、科学は、愛についての（仮説的な）事実説明はできても、それがどんな本質的な意味を持っているかについては、ほとんど何も教えてくれないということである。

　恋に落ちた時、わたしたちが知りたいのは、今自分の脳内にはドーパミンやフェニルエチルアミンやエンドルフィンが分泌されているなどという現象の〝説明〟ではない。そんなことは、恋をしている人にとってはある意味どうでもいいことだ。

　恋をした時、わたしたちが知りたいのは、なぜこのわたしが、ほかならぬこの人に、「この人でなければダメなんだ」と思うほど恋焦がれているのかということだ。この感情はいったい何なのか？

　わが子への愛を全身で感じ取っている時、わたしたちが知りたいのは、「ああ、今オキシトシンが分泌されている」などということではなく、なぜわたしは、ほかならぬこの子をこれほどにも愛しているのかということだ。この感情は、いったい全体何なのか?

つまりわたしたちが知りたいのは、化学物質がどうといった科学的な現象説明ではなく、この恋や愛の本質的な〝意味〟なのだ。

「愛」の意味

ここで言う本質的な〝意味〟には、大きく二つの意味がある。

一つは、それがわたしたちの生にとって持つ〝意味〟である。愛は、わたしたちの人生にとって、いったいどのような意味を持つものなのか? 右に述べたような、恋人への愛、わが子への愛は、わたしたちにとってどんな意味を持っているのか?

もう一つは、愛という概念それ自体の本質的な〝意味〟である。そもそも、わたしたちはいったいどのような〝意味〟をもってそれを「愛」と呼んでいるのか? 別言すれば、いったいどのような〝意味〟をもって、わたしたちはそれを「愛」以外のものと区別しているのだろうか?

この後者における愛の〝意味〟の解明は、哲学のみならず科学にとってもきわめて重要なものである。

たとえば、これまでわたしは、「愛」とか「恋愛」とかいった言葉を無造作に混同しながら用いてきたが、これらについて研究するためには、わたしたちは本来、そもそもこれらが同列に扱いうる概念なのか、深く吟味しなければならない。

「恋愛」も「性愛」も、ただ一言で「愛」と呼ばれる概念も、それぞれにいくらか異なったイメージを喚起する概念だ。先述したように、性的欲望が、わたしたちにありありと感じられる肉感的・感性的なものであるのに対して、「愛」はより〝理念性〟を帯びた概念である。恋の感情もまた、「愛」に比べればより肉感的・感性的な概念である。この一事だけをとっても、「性欲」と「恋」と「愛」を単純に混同してしまうわけにはいかない。

しかし同時に、性愛、恋愛、愛、と言う時、わたしたちは、なぜわれわれがこれらを「愛」の名の下に包摂しているのかと問わねばならない。そこには何か、「愛」という概念が持つ共通の意味本質があるのだろうか？

哲学は、このようにさまざまな呼び名を持つそれぞれの「愛」の本質的〝意味〟を、徹底的に明らかにしなければならないのだ。

科学の土台としての哲学

しかし科学は、しばしばこのことに無頓着である。

たとえば、恋をしている人の脳内からどのような化学物質が分泌されているかを調べる実験では、多くの場合、恋人関係にある二人が被験者として選ばれる。

しかし、彼らが抱いている感情を、わたしたちは本当に「恋愛」と言えるだろうか？　その感情を、わたしたちはどのように単なる「性欲」あるいは「性愛」と区別できるのだろう？　あるいはまた、それはただ一言で「愛」と呼ぶべき感情とは言えないのだろうか？

わたしの知る限り、愛に関する多くの科学的研究は、これらの概念をいくらか混同してしまっているように思われる。

たとえば、わたしたちがどのような異性に惹《ひ》かれるかについて調査した有名な研究では、まず顔や体型がシンメトリーであること、また、男性は背が高い方が圧倒的に有利であり、逆に男性が魅力的だと思う女性の体型は、世界中のどこでも、多少の差はあってもヒップ1に対してウエストが大体0・7であるといった結論が出されている。

これらはいずれも、健康であることの証で、要するにわたしたちは、よりよい遺伝子を残せる相手を本能的に選ぼうとしているのではないかと考えられている。同様に、多くの女性は、男性ホルモンの一種であるテストステロン値の高い〝支配的〟な男性に魅力を感じると言われているが、これもまた、よりよい遺伝子を残そうとする本能ではないかとされている。

しかしこうした研究は、研究者によって、性的欲望の特徴と捉えられることもあれば、恋愛の特徴と捉えられることもある。相手に「惹かれる」ということの意味が、性的なものなのか、それともロマンティックな恋愛としてなのか、あるいはそのいずれにおいてもなのか、十分整理することなく研究がなされているのだ。

これは概念の致命的な混同である。

恋愛の対象と性欲の対象は、時にほとんど交わらないことがある。わたしたちは、恋をしている相手でなくとも、激しい性的欲望を抱くことがある。その逆に、恋の相手にほとんど性的欲望を抱かないということもある。一言で「愛」と呼ばれるものの対象にいたってはなおさら、恋や性欲の相手とはまったくの別物である場合もあるだろう。

したがってわたしたちは、愛の科学的研究において、本来これらの概念の差異や関係、そして本質を深く解明しておく必要があるはずなのだ。右に述べた、ヒップとウエストの比率や、テストステロンの分泌などは、本当に「恋愛」の特徴と言えるのだろうか？ それはむしろ「性欲」の特徴と言うべきなのではないか？ いや、そもそも「恋愛」と「性欲」にはどのような差異があり、またどのような関係があるものなのか？ こうした問いを、わたしたちはまずもって解明しておかなければならないはずなのだ。

それこそまさに、哲学の課題である。要するに、愛の科学は、哲学的な本質解明、すなわち「そもそも愛とは何か？」を明らかにしなければ、本来成立しないものなのだ。

性愛、恋愛、愛、エロース、アガペー、カリタス、ラブ、ロマンティック・ラブ……。愛にはさまざまな呼び名があるが、これらはいったい、どのような本質的な意味を共有することで「愛」の名の資格を得ているのだろうか？　いや、そもそもこれらは、互いに何か共通した本質を持つものなのだろうか？　持つとするなら、それは何か？　そしてまた、これらはどのような契機において互いに区別される概念なのか？

愛の本質など解明できない？

「愛」の本質を明らかにするに先立って、もう一つの一般的な誤解をあらかじめ払拭しておこう。

明治以降、日本人は、仏教用語だった「愛」を、西洋的な——すなわちキリスト教的な——含意を持った言葉として使用するようになった。それゆえ、愛の本質を解明するにあたっては、日本には西洋的な「愛」の概念はもともとなかったとか、それは歴史的・文化的に一義的ではないとかいった批判も聞かれるかもしれない。要するに、愛はきわめて多義的な概念であるがゆえに、その本質など明らかにできるはずがない、と。

しかしこうした批判は、哲学的にはほとんど意味のないものである。概念の絶対的本質などはない。それは言うまでもないことだ。時代や文化によって、その言葉で名指されるものの内実がいくらか異なるということもある。数百年前の日本人は、「愛」という言葉に、今日わたしたちが「愛」と呼ぶところのものとは確かに別の意味を見出していただろう。

アラビア語では、ラクダを表す言葉が五〇〇〇や六〇〇〇あると言われている。これらは、「すべてが動物の形、大きさ、色、年齢および歩き方についての具体的な細かい点を表現している」（カッシーラー『人間』二八四頁）。わたしたちが持つさまざまな概念は、わたしたち自身の必要や関心によって分節された世界にほかならないのだ。

「愛」もまた、わたしたちがいつの頃からか、わたしたちのある情念を切り取り名づけた概念だ。それゆえ繰り返すが、その切り取り方には文化的・歴史的差異があるのは当然であって、絶対普遍の本質があるわけではない。

しかしその上でなお、わたしたちは、それがラクダであれ、愛であれ、これらの言葉によって切り取られたもののイメージを、今広く共有している。これらの言葉を見聞きした時、わたしたちは多かれ少なかれ異なったイメージを思い浮かべるが、それでもなお、わたしたちはそこに必ず何らかの共通性を見出している。そうでなければ、わたしたちの言語コミュニケーションが成立しうるはずがない。

つまりわたしたちは、相互に言語コミュニケーションが成立しているという確信を抱きうる限り、その言葉の共通の意味の本質についてもまた、暗黙のうちに必ず直観しているはずなのだ。

「愛」という言葉を発したり聞いたりする時、わたしたちはそれを、必ずある共通意味本質を持った概念として把握している。親の子に対する愛、恋人同士の愛、夫婦愛、友愛など、愛にはさまざまな形態があるが、それらを「愛」と呼ぶ以上、わたしたちはその共通意味本質を必ず直観しているはずなのだ。

この暗黙の直観に潜む「愛」の本質を、自覚的な言葉へともたらすこと。それこそ、本書における哲学的本質洞察が目指すものにほかならない。

「愛」はいかに可能か？

その時、わたしたちはさらに、「愛」の可能性の条件をも明らかにすることができるであろう。

哲学の本質、その最大の意義は、「本質洞察に基づく原理の提示」にある。物事の本質を深く洞察することができれば、「それはいかに可能か？」の原理（根本的な考え方）もまた明らかにすることができる。「幸せとは何か？」が明らかにされれば、そこへ至るための道を一歩ずつ考えていくことができるように、「愛とは何か？」が解明されれば、「それはいかに可能か？」の原理もまた、わたしたちは明らかにすることができるはずなのだ。

人は「愛」なしに生きることもできる。孤独のうちに、憎悪のうちに、悲しみのうちに生きていくことも確かにできる。しかしだれかを愛する喜びの中にこそ、わたしたちは人間的生の根源的意味を見出すことができるに違いない。

それはもちろん、わたしたちのだれもが愛を知るべきであるなどということではない。しかしわたしたちは、確かに愛のうちにおいてこそ、この生の意味をより深く知ることができるのだ。

ニーチェは言う。

そなたたちはかつて何らかの快楽に対して然りと言ったことがあるか？　おお、わたしの友人たちよ、そう言ったとすれば、そなたたちは一切の苦痛に対しても然りと言ったことになる。一切の諸事物は、鎖で、糸で、愛で、つなぎ合わされているのだ、——（ニーチェ『ツァラトゥストラ（下）』三四三頁）

深い愛において、わたしたちは、この人生の一切に対して「然り」を言うことができる。たとえそれまでの人生が、激しい苦痛に満ちたものであったとしても。この人を愛することにおいて、わたしはわたしの人生を肯定することができる。わたしの人生には、意味があったのだと確信できる。「如何なる場合にも、愛を知る人は、各瞬間、自分が何のために生きているかを知っている人である」（ジンメル『愛の断想・日々の断想』一六頁）。

それが「愛」である必要は、必ずしもないかもしれない。ニーチェが言うように、「何らかの快楽」は、総じてわたしたちをして世界に「然り」を言わしめる。しかし、深い愛、とりわけ本書後半において〝真の愛〟として描き出す愛は、わたしたちの生の根源的な意味を、最も深く与えてくれるものであるに違いない。

ならばわたしたちは、「愛」の哲学的本質洞察の先に、そのような「愛」はいかに可能かもまた問わねばならない。

愛とは何か。そしてそれは、いかに可能か？

これが、本書が明らかにすべき問いである。

第二章　性愛

1　愛着、友情、友愛

愛の現象学

わたしたちのうちにありありと感じられる愛の感情、体験。その本質を内省によって洞察し、それが真に普遍性を備えたものであるかどうかを確かめること。このような哲学的本質洞察――以後、これを現象学的本質観取と呼ぶことにしよう[1]――のほかに、わたしたちが「愛」の本質を明らかにする方法はない。

先述したように、科学によって愛の本質を明らかにすることはできない。科学の意義は、愛の現象、そのメカニズムを仮説的に解明することにあるのであって、その本質的な〝意味〟を明らかにすることにあるのではない。いや、そもそも何をもってそれを「愛」と呼ぶのかを哲学的に明らかにしない限り、「愛」の現象は本来、研究することさえできないのだ。

生の満たされなさの反動から思い描かれた愛の理想理念――隣人愛、神の愛、人類愛等――も、「愛」の本質と言うわけにはいかない。それは、究極を推論せずにはいられない人間の理性によって思い描かれた、より正確に言うなら捏造された、愛の彼岸的なイメージである。

こうしてわたしたちは、「愛」の本質を真に現実的な姿として捉えるためには、「愛」という言葉で名指されるわたしたち自らの体験を、普遍的な了解可能性に向けて言葉にしていくほかにない。以下で試みるのは、そのような「愛」の現象学である。

しかし先述したように、こと「愛」に関しては、これはきわめて困難な道である。「愛」の体験において、わたしたちは、「これは本当に愛と呼べるのか」という疑念、不確かさを抱えずにはいられない。また、「愛」の概念が持つ〝理念性〟のゆえに、その本質を理想理念化せずに洞察するのは容易なことではない。

この困難な道を、わたしたちはどのように進めばよいだろうか？

「好き」とは何か？

まず、情愛感情一般、すなわち「好き」「お気に入り」といった感情一般についての考察から始めてみよう。このような原初的な感情から始めて、少しずつ、より理念性を帯び

1 概念の本質を、体験の内省から共通了解可能な仕方で言語化していく本質観取の方法は、エトムント・フッサールが創始した現象学によって自覚的に方法化されたものである。その内実や方法については、拙著『はじめての哲学的思考』第3部を参照されたい。

た愛の概念の諸相を踏破していく以外に、愛の本質を明らかにする方法はないように思われる。

「好き」とはいったい何だろうか？

この曲が「好き」、この映画が「好き」、お酒が「好き」、あなたが「好き」……。こうしたごく単純な「好き」が意味しているのは、言うまでもなく、その対象によって〝このわたし〟のエロス（快）が掻き立てられることが「好き」であるということである。この曲によって〝わたし〟の情動が揺り動かされること、この人によって〝わたし〟が心地よくなること……わたしがこの曲やあの人が「好き」なのは、最も根本においては、その対象が〝このわたし〟に何らかのエロスを与えてくれるからである。

したがって、ごく単純な「好き」の本質は、一種のエゴイスティックな欲望にある。「好き」な対象を貪欲に〝利用する〟とまでは言えないにしても、その対象がわたしに何らかのエロスを味わわせてくれるがゆえに、わたしはそのモノ（人）が「好き」なのだ。逆に言えば、その対象がもはやわたしにエロスを与えなくなった時、わたしはそれが「好き」ではなくなる。

先述したように、有島武郎は、愛を「アミイバが触指を出して身外の食餌を抱えこみ、やがてそれを自己の蛋白素中に同化し終る」ように、対象を〝このわたし〟に同化するものとして描き出した。しかしこれは、「愛」ではなくむしろ原初的な「好き」の本質と言うべきである。相手を〝惜しみなく奪う〟のは、「愛」ではなく「好き」なのだ。先述したように、そして後に詳しく論じるように、「愛」はこの原初的な「好き」から生まれながらも、そこから遠く離れたところにあるものである。

これに関連して、「反復可能性」あるいは「反復の不可避性」を、「好き」の本質契機として挙げておこう。[2]

わたしたちは、「好き」なものを何度も繰り返し味わいたいと思う。いやむしろ、繰り返し味わわざるを得ないところにこそ「好き」の本質がある。お気に入りの歌を何度も繰り返し聴く。「好き」な人には、どれだけ会っても会い足りないと思う。「反復可能性」あるいは「反復の不可避性」――「好き」の度合いが高いほど、前者から後者へと言葉の正確さが移行していく――は、それを欠いては「好き」とは呼べない、「好き」の本質契機である。

ここでも、「好き」が「反復」を求めるのは、言うまでもなくそのモノ（人）がわたしに与えてくれるエロスのゆえである。「好き」な音楽がわたしに与えてくれる高揚感、「好

2 この「反復」というキーワードは、哲学者の竹田青嗣と金泰明との対話の中で、竹田によって示されたものである。

き」な人がわたしに与えてくれる安心感。これらのエロスを、わたしは繰り返し「反復」して味わいたいと願うのだ。

「好き」はこうして、ある種のエゴイスティックな欲望に根を持つ感情である。

「愛着」とは何か？

「愛着」は、この原初的な「好き」がいくらか発展したものである。

「わたしはお酒が好きである」とは言うが、「お酒に愛着を持っている」とはあまり言わない。ここで言う「好き」は、きわめて原初的な「好き」であって、まだ「愛着」にまでは至っていない感情なのだ。わたしがお酒が「好き」なのは、それが舌に心地よく、そして何より、日常からのしばしの乖離《かいり》のエロスを味わわせてくれるからにほかならない。

一方「愛着」は、この「好き」のエゴイズムをいくらか超え出た感情である。

幼い頃一緒に寝ていたぬいぐるみ、長年愛用したペン、故郷の友人たち、仲間たちと汗を流した体育館……わたしたちはさまざまなものに「愛着」を覚えるが、これは原初的な「好き」とは違って、単なるエゴイズムには回収されない概念なのだ。

確かに、「愛着」もまた、単純な「好き」と同じように、「これは〝このわたし〟のモノである」とする一種のエゴイスティックな欲望を根に持っている。しかし、たとえばもしわたしがその「愛着」対象をだれかに破壊されたとしたらどうだろう？　その時わたしが感じるのは、〝このわたし〟が傷つけられたという怒りや悲しみであると同時に、あるいはそれ以上に、〝そのもの〟それ自体への哀惜ではないだろうか？　大切にしていたぬいぐるみが、見知らぬだれかに切り刻まれた時、わたしが感じるのは、〝このわたし〟が踏みにじられたという怒り以上に、失われたそのぬいぐるみそれ自体への哀惜であるはずだ。

もし、わたしが「好き」なお酒を断つよう強いられたとしても、そのお酒それ自体にわたしが哀惜を感じることはない。わたしはただ、これまで味わわれていた〝このわたし〟のエロスが失われたことを嘆き憤るのみである。それに対して、わたしはわたしの「愛着」対象を、そのモノ（人）それ自体として慈しむのだ。

これについては、「愛着」と「執着」の違いを考えればよりはっきりするだろう。

両者は、じつのところまったくの別物である。「愛着」が、対象それ自体への慈しみを含意する情念であるのに対して、「執着」は、どこまでも〝このわたし〟の欲望への拘泥であるからだ。

確かに、わたしたちは何らかの「愛着」対象に対して「執着」を持つことがある。しかしその場合も、「執着」はじつのところ〝このわたし〟の欲望に向けられている。

ある作家に、わたしは「愛着」を持っている。彼、あるいは彼の作り出す作品を、わたしはそれ自体として大事に思う。

ある日、その作家がだれかからひどくけなされたとしよう。その時、もしわたしがムキになって彼を擁護し、場合によっては批判者を攻撃し、彼への「執着」を見せたとしたなら、その時わたしが抱いている「執着」は、じつは当の作家に向けられているのではなく、彼が好きであるという〝このわたし〟の欲望に向けられているのだ。わたしが腹を立てているのは、その作家が好きである〝このわたし〟がけなされたからなのだ。

「愛着」は対象を慈しみ、「執着」はおのれの欲望に拘泥する。アルコール依存症の人は、お酒に「愛着」を持っているのではなく、お酒が満たしてくれる自身の欲望に「執着」している。お酒そのものを慈しんでいるのではなく、それが与えてくれる快楽や現実逃避の欲望に「執着」しているのだ。

憎悪とは何か？

「憎悪」とは、そのような〝このわたし〟の「執着」を傷つけ破壊するものに対する攻撃欲望である。

先に言ったように、わたしの愛着対象がだれかに破壊された時、わたしがまず感じるのは、〝このわたし〟が傷つけられたという憎悪である以上に〝そのもの〟それ自体への哀惜である。

他方、もしわたしが自身の執着しているものを破壊されたとしたならば、わたしは激しい憎悪に駆られずにはいられない。自尊心、権力、富……。もしわたしがこうしたものへの執着を抱いていたとするならば、その執着欲望をなみする者を、わたしは許すことができないのだ。

しばしば、愛は憎しみに変わるなどと言われることがある。しかしそれは誤りである。とりわけ、それが後に論じる〝真の愛〟と呼べるものであったとするなら、そのような愛が憎しみに変わることはない。もし、愛が憎しみに変わったと思うことがあったとするなら、それは正確には「あの時愛だと思っていたものはじつは愛ではなかったのだ」ということであるにすぎない。

愛が憎しみに変わるのではない。憎しみの根源にあるのは、じつのところ〝このわたし〟の「執着」にほかならないのだ。

もし、恋人の裏切りを知ったわたしが彼女に憎悪を抱いたとするなら、それは、わたしが彼女をそれほどにも愛していたからであるわけではない。わたしが彼女を憎悪するのは、彼女に投影していた〝このわたし〟の自尊心への執着が蔑《ないがし》ろにされたからなのだ。

確かに、わたしは彼女が「好き」であったには違いない。しかし前に見たように、単なる「好き」はそもそもエゴイズムに根を持つ感情である。それゆえ、ただの「好き」は、わたしたちにその欲望への執着を芽生えさせ、いとも容易く「憎悪」へと転換することがある。

しかし「愛」は違う。「愛」は、わたしたちのそのようなエゴイズムを、それへの執着を、すでに超え出た理念的情念なのである。より正確に言うならば、そのような理念的情念をこそ、わたしたちは「愛」の名で呼び慣わしているはずなのだ。

愛は憎まない。憎しみを生み出すのは、わたしたちの執着心にほかならないのだ。このことについては、後に〝真の愛〟の本質を明らかにする際に、もう一度確かめることにしたいと思う。

エゴイズムを「超え出る」もの

さて、しかしそうは言うものの、わたしたちは、「愛」を手の届かない彼岸の理想として思い描く必要はない。そう、わたしは改めて言っておかなければならない。

先に見たように、原初的な「好き」の発展的感情である「愛着」においてさえ、わたしたちはエゴイズムを超え出る契機をすでに見出すことができるからだ。

原初的な「好き」は、〝このわたし〟のエゴイスティックな欲望に根を持つ感情である。対して「愛着」は、このエゴイズムをいくらか超え出るものである。わたしはわたしの愛着対象を、そのモノ（人）それ自体として慈しむのだ。

もっとも、エゴイスティックな「好き」と「愛着」との差は、言うまでもなく不明瞭である。お酒が「好き」といった、ごく単純な「好き」と「愛着」とある程度区別しうるものかもしれないが、「好き」な音楽、「好き」な人、とわたしが言う時、それは多くの場合、わたしの「愛着」ある音楽、「愛着」ある人、を意味している。「好き」と「愛着」は、かなりの部分重複する概念なのだ。

その意味で、「好き」は、確かにわたしたちのエゴイスティックな欲望に根を持ちながらも、そのエゴイズムを乗り越えようとする契機が絶えず顔を覗かせていると言うべきである。「愛着」は、その最初の一歩なのである。

とすれば、「愛」は、そのさらに先にある情念とは言えないだろうか。「愛」もまた、おそらくは原初的な「好き」から生まれた、しかしその最も高度な発展形である。すでに「愛着」において、エゴイズムがいくらか乗り越えられる契機が見られたように、ただ一言で「愛」と呼ばれる感情は、その契機を最も遠くまで発展させた情念なのだ。

ならばわたしたちは、さらに次のように言うことはできないだろうか？〝このわたし″の「執着」に囚われることさえなければ、そのような意志を持つことができれば、わたしたちは、自らの「愛着」をそのような「愛」へと育て上げていくことができるのではないか、と。

このことについては、最終章で改めて考えていくことにしたいと思う。

歴史的関係性

今しばらく、「愛着」の本質観取を続けてみよう。

わたしはなぜ、″このモノ（人）″に愛着を感じるのだろうか？　幼い頃のぬいぐるみ、愛用のペン、故郷の友人、仲間たちと汗を流した体育館……。これらのものにわたしが愛着を感じるのは、いったいなぜなのか？

第一に、それは″このモノ（人）″がわたしに安心や受容感を与えてくれるからである。幼い頃抱いて寝たぬいぐるみは、わたしに安心を与えてくれる。故郷の友人たちもそうだ。仲間と汗を流した体育館は、あの時目標に向かって精一杯努力していた頃の自分を思い出させてくれる。

第二に、愛着の対象は、必ずある歴史性を帯びている。わたしに繰り返し安心や受容感を与え続けてくれたモノ（人）に対して、わたしたちは愛着を抱くのだ。

〝このわたし〟を、受容し肯定してくれる歴史性を帯びたもの。これが愛着対象の本質である。

言うまでもなく、この前半部と後半部は、二つで一つでなければならない。どれだけ歴史性を帯びていても、それがわたしを受容し肯定してくれるものでなければ、わたしはそのものに愛着を抱けない。わたしに執拗にいじめを繰り返してきた故郷の友人たちに、わたしが愛着を抱くことはない。同様に、どれだけ自分を受容し肯定してくれるものでも、それがいくらかの歴史性を帯びなければ、わたしたちが愛着を抱くことはない。わたしたちは一目である人やモノに惹かれることがあるが、しかしそれは、多くの場合瞬間的な魅惑や好意――原初的な「好き」――と言うべきものであって、まだ愛着と呼べるものではない。愛着は、〝そのもの〟と何らかの仕方で関係性が築かれてはじめて訪れるものである。そこにはいくらかの歴史性が必要なのだ。

だからこそ、わたしたちは、愛着の対象よりも何かすぐれたモノや人があったからと言って、その愛着を簡単に捨て去ることはできない。愛着にとって重要なのは、そのものの価値それ自体ではなく、このわたしとの「歴史的関係性」なのだ。

「歴史的関係性」。ここにもまた、原初的な「愛着」だけでなく、友愛や性愛、恋愛、また親の子に対する愛まで含む、「愛」一般の本質が横たわっているように思われる。わたしたちは、それがどのような愛の形であるにせよ、歴史的関係性のないものを愛することはできないのではないか？

もっとも、その歴史性の内実は、「愛」の各々の諸相によっていくらか異なっているに違いない。「愛着」における歴史性は、先述したように〝このわたし〟を受容し肯定してくれるものとの間の歴史性である。しかし、たとえば「恋愛」における歴史的関係性は、これとは異なった本質を持っている。この点については、第三章で詳しく見ていくことにしよう。

「性愛」においては、歴史的関係性など一見必要ないようにも思われる。わたしたちは、出会って間もない相手であっても、あるいは画面の向こうの相手であっても、瞬時に性的な欲望を覚えることがある。

しかしまさにここにこそ、「性欲」と「性愛」の違いが潜んでいるのだ。単なる性欲は、時に歴史性も関係性も必要としない。しかしそれを「性愛」と呼ぶ限り、わたしたちはそこに、何らかの歴史的関係性を必ず味わっているはずなのだ。この点についても、次節以降でじっくり考えていくことにしたいと思う。

以上、「愛着」の本質に、エゴイズムとその乗り越えの契機、および「歴史的関係性」という契機を見出したが、わたしたちは、まずこれらの契機を導きの糸として、「愛」の本質へと思考を進めていくことはできないだろうか。右の二契機は、「愛」の本質とするにはあまりに素朴かつ原初的にすぎるものだが、わたしたちは、「愛」をこの原初的な「愛着」の高度な発展形として考えていくことはできないだろうか？

「友情」の三類型

まず手始めに、同じく原初的な「愛着」の一つの発展形と言いうるであろう「友情」について考えてみよう。

「友情」は、さしあたり次の三つの類型に分けられるように思われる。すなわち、「愛着」としての友情、「愛着の共有」としての友情、そして「友愛」。中でも、「愛」の本質観取にとって重要な手がかりを与えてくれるのは、言うまでもなく「友愛」である。

「友情」と「友愛」との間には、今直感的に言ってもいくらかの隔たりがある。そのポイントは、これまでしばしば述べてきた〝理念性〟のあるなしにある。「友情」が、わたしたちの内側でいくらか直接的に味わわれるものであるのに対して、「友愛」は、わたしたちの理性の吟味を経てはじめて認められる、何らかの〝理念性〟を帯びた概念なのだ。

第一の「愛着」としての友情は、これまで述べてきた「愛着」感情が、身近な友に向けられた単純なものである。幼なじみや仲良しグループなど、〝このわたし〟を受容し肯定してくれる、いくらか歴史性を帯びた友への愛着。これが、おそらくは最も原初的な友情の類型である。

第二の「愛着の共有」としての友情は、いわば共同性へと開かれた愛着ゆえに抱かれる友情である。「わたしたちの学校」「わたしたちの作品」「わたしたちが成し遂げた仕事」……。愛着は、個人の愛着を超えて、これを他者と共有する仕方で抱かれることがある。そしてこの同じ愛着対象を共有する者との間に、友情が抱かれるのだ。同じ作家を愛する者たち、共に舞台を作り上げた劇団員たち、学問探究の仲間たち……。

これは、単なる「愛着」としての友情よりもいくらか深みのある友情である。互いへの愛着だけでなく、同じものへの愛着を共有する時、そこにはある種の〝絆〟が生まれるからだ。

しかしそれゆえにこそ、どちらか、あるいはどちらもがその対象にもはや愛着を感じなくなった時、「愛着の共有」としての友情は、かつての深さを失ってしまうことになる。かつてあれほど、同じ劇団で寝食を共にするほど深く付き合った仲間たちも、一人また一人と芝居の道をあきらめた後に集まってみれば、盛り上がるのはせいぜい失われた思い出話くらいである。お互いの今の生活を聞いたところで、かつてのような「愛着の共有」などどこにもないことに気づいて、あの頃の深い友情もまた、どこかに落としてしまっていたことを知る。
最後に、「友愛」。先述したように、この概念は、先の二つの「友情」をある仕方で超え出た、いくらか〝理念性〟を帯びた概念である。
ラルフ・ウォルドー・エマソンの言葉を借りて、これをさしあたり「魂の共有」としての友情と呼んでみることにしよう。

私自身の道において出会う魂のみが、私の友になることができるのである。その魂は、私が身をかがめることなく、私に身をかがめることもなく、同じ天空の下にあり、その経験の中に、私自身の経験を、繰り返してみせるのだ。(Emerson, "Spiritual Laws", pp. 150-151)

児童文学『ナルニア国物語』の作者でもあるC・S・ルイスもまた、その著『四つの愛』で次のように言っている。

「友愛」が成立するときに交わされる典型的言葉は、「何だって？　君も？　私だけだと思った」のようなものであろう。〔中略〕「友愛」が生まれるのは、人々がお互い

を発見し合いヴィジョンを共有するときである。（C・S・ルイス『四つの愛』九二頁）

「友情」をことさらに「友愛」と言う時、わたしたちはそこに、単なる友への愛着を超えたものを見る。「友愛」は、ただこの胸に味わわれるだけのものではない。その情念が、理性の吟味を経て「この人はわたしと同じ魂を共有しているのだ」と確信されること。しかしその上でなお、エマソンが言うように、「その魂は、私が身をかがめることなく、私に身をかがめることもなく、同じ天空の下に」あると確信されること。ここには、単なる情念ではない、ある〝理念性〟の確信が備わっているのだ。

「合一感情」と「分離的尊重」の弁証法

その〝理念性〟の本質を、今次のように言ってみることにしよう。すなわち、「合一感情」と「分離的尊重」の弁証法。

「合一感情」と「分離的尊重」。この二つのキーワードは、原初的な「愛着」においてもうっすらと予感されていたものである。これは〝わたし〟の大切なもの。愛着感情には、すでに〝このモノ（人）〟との「合一感情」が見出せる。しかし同時にまた、〝このモノ（人）〟を、わたしから「分離」されたものそれ自体として大事にしたいという「尊重」の情が伴っている。先にわたしが、エゴイズムとその乗り越えの契機と呼んだものである。

友愛において、わたしたちはこの二つの契機をより高次の次元において味わう。この人は〝わたし〟の大切な人。友愛は、そのような次元を超えて、この人こそわたしと同じ魂を分かつ人、という「合一感情」を抱かせるのだ。

しかしそれは、有島が言うような、相手を〝わたし〟に摂取する合一ではない。わたしはこの人を、わたしからは分離された他者それ自体として尊重し、その上でなお「合一」存在であることを感じ取っている。再び、「その魂は、私が身をかがめることなく、私に身をかがめることもなく、同じ天空の下に」あるのだ。

友愛の本質は、以上のような魂の合一としての「合一感情」と、にもかかわらず同時に味わわれている「分離的尊重」の弁証法にある。

弁証法、と言うのは、ここにおいては、「合一」と「分離」という一見相矛盾する二つの項が、何ら矛盾することなく統合的に味わわれているからだ。「友愛」において、わたしは友を、わたしと同じ魂を共有するものとしてわたしに合一化する。しかしその上でなお、わたしは彼/彼女を、その存在それ自体として尊重するのだ。古来、「弁証法」という言葉にはさまざまな意味が込められてきたが、ここではこのような、矛盾的・対立的観念のいわば高次の綜合を意味する概念として用いることにしたいと思う。

「合一感情」と「分離的尊重」の弁証法。これは高度に〝理念的〟な本質である。そしてまさにこの〝理念性〟にこそ、わたしたちは、「友愛」に限らずあらゆる「愛」の根本本質を見出すことができるとは言えないだろうか。友愛、性愛、恋愛、親の子に対する愛……。それがどのような愛であれ、わたしたちが「愛」の名の下に包摂する概念は、いずれもこの弁証法的情念、あるいは弁証法的理念を本質としているとは言えないだろうか？（先述したように、愛は情念であると同時に理念でもある）

ここで〝根本本質〟と言うのは、文字通り最も根本的、中核的な本質のことである。「愛」には、右に見たような弁証法的本質が必ずある。逆に言えば、この本質を欠いたものを、わたしたちが「愛」と呼ぶことは決してない。単なる合一感情――たとえば祭りにおける一体感――や、単なる尊重――たとえば年配者への敬意――は、「愛」ではないのだ。


他方、先に「歴史的関係性」と呼んだものは、「愛」のいわば〝本質契機〟である。それは〝根本本質〟と言うほどではないが、しかしその契機を欠いては「愛」とは呼べない、本質的な特徴のことである。

「歴史的関係性」は、おそらく「愛」の不可欠の本質契機である。ただしそれは、何ヵ月とか何年とかいった客観的な歴史のことではなく、理念的な「歴史的関係性」とでも言うべきものである。わずか数日、あるいは数週間の関係によって築かれたものであったとしても、もしもそれを「愛」と呼べるのならば、わたしたちはそこに相手との「歴史的関係性」を必ず感じ取っている。C・S・ルイスが言った、「何だって？　君も？　私だけだと思った」という感嘆は、まさにわたしが、相手との間に理念的な「歴史的関係性」を感じ取った時の言葉にほかならない。

　このように、友愛、性愛、恋愛、家族愛等、それぞれの「愛」の諸相は、この「愛」の根本本質と本質契機を、つねにその通奏低音として響かせている。これまでの考察から、わたしたちはさしあたりこのように言うことができるのではないか。そしてそれゆえにこそ、わたしたちはこれらの概念を、「愛」の名の下に包摂しているのではないか？「友愛」において、わたしたちは「合一感情」と「分離的尊重」の弁証法という根本本質を見た。そして理念的な「歴史的関係性」という本質契機を見た。

　では「性愛」はどうか？　「恋愛」は？　親の子に対する「愛」に象徴される、いわゆる〝真の愛〟はどうだろう？

　以下では、それぞれの愛の諸相とその本質を明らかにしていくことにしたいと思う。

愛の審級

——今、先に結論めいたことを言っておこう。

愛は情念であると同時に理念である。そう、これまで繰り返し述べてきた。すなわち、愛の第一の本質契機はその〝理念性〟にある。

この〝理念性〟の本質を、わたしは先に、「合一感情」と「分離的尊重」の弁証法として描き出した。「歴史的関係性」もまた、客観的な歴史性とは異なる、やはり理念的な歴史性である。

このように、愛が〝理念性〟を帯びた概念であるがゆえにこそ、わたしたちは「愛」における〝完全さ〟や〝正しさ〟のイメージを持つ。きわめて感性的な概念である「きれい」に対して、「美」が何らかの〝完全さ〟のイメージを与えるように、「愛」もまた、完全な愛や正しい愛といった理念的なイメージをわたしたちに与えるのだ。

それはすなわち、愛の〝理念性〟には、高い—低いという審級が必ずつきまとうということだ。より高い、完全な愛。より低い、不完全な愛。わたしたちは、愛の概念のうちに、意識的にも無意識的にもそのような審級を必ず見出しているはずである。愛の理念性と審級性。これらは、愛の概念における欠くべからざる本質なのである。

その際、最も低い愛としてわたしたちがイメージするのは、おそらく「愛着」である。わたしはこのぬいぐるみを愛している。このペンを愛している。これが、「愛」という言葉を、わたしたちが最も低次の意味において使う例であろう。

しかしすでにこの次元において、先に見たように、わたしたちは「合一感情」と「分離的尊重」の萌芽を見出すことができる。わたしはこのぬいぐるみをわたしにいくらか合一化し（これは〝このわたし〟のもの）、しかし同時に、そのものそれ自体として尊重するのだ（これはわたしの〝大切なもの〟）。

では最も高次の「愛」はどうだろう？

そのような愛を、わたしたちは〝真の愛〟と呼ぶ。より高く、より完全で、より尊い愛。そのような愛を、わたしたちは〝真の愛〟と呼ぶ。

この〝真の愛〟の本質を、わたしたちはいったいどのように描き出すことができるだろうか？

「存在意味の合一」と「絶対分離的尊重」の弁証法

さしあたり、次の概念を提示しておきたい。

「存在意味の合一」と、「絶対分離的尊重」の弁証法――。これまでに見てきた「合一感情」と「分離的尊重」の弁証法は、〝真の愛〟においてはこのように表現される。

愛における一般的な「合一感情」は、〝真の愛〟においては「存在意味の合一」となる。それはすなわち、相手の存在によってわたしの存在意味が充溢するとする確信、相手が存在しなければ、わたしの存在意味もまた十全たり得ないとする確信である。

愛における「合一感情」には、愛着におけるような弱い――あるいは低次の――「合一感情」から、〝真の愛〟における強い――あるいは高次の――「合一感情」まで、まさに審級が存在するのだ。

その最も低次における「合一感情」は、「あなたは〝このわたし〟の大切な人」という、いわば〝このわたし〟への合一化感情である。

他方、その最も高次の段階においては、「愛」における「合一」は「存在意味の合一」となる。単なる合一化感情ではなく、わたしの存在の意味それ自体が、相手によって規定されていると確信されること。ここに〝真の愛〟の一つの本質があるのだ。

しかしそれは、言うまでもなく「分離的尊重」との弁証法的関係にあるものである。しかも〝真の愛〟においては、この「分離的尊重」は「絶対分離的尊重」と表現されなければならない。

「愛着」に見られるような「分離的尊重」は、いつでもわたしのエゴイズムに回収されうる、きわめて低次なものである。幼い頃抱いて寝たぬいぐるみは、結局のところ〝このわたし〟のモノである。

しかしそれを〝真の愛〟と呼びうるならば、そこには必ず「絶対分離的尊重」がある。相手は〝このわたし〟には決して回収され得ない存在であるとする、絶対的な分離的尊重がある。

その意味で、わが子を自分の所有物であるかのように愛する親の愛は、〝真の愛〟では決してないし、実際にわたしたちがそれを〝真の愛〟と呼ぶことはない。それはせいぜい、「愛着」か、場合によっては「執着」であるにすぎない。

それを〝真の愛〟と呼ぶ時、わたしたちはそこに、「存在意味の合一」と「絶対分離的尊重」の弁証法を、必ず見出すはずなのだ。

〝真の愛〟の本質は、第四章においてより詳細に明らかにしたいと思う。ここではさしあたり、次のような暫定的な結論を述べておくことにしよう。

それがどのような「愛」であれ、それを「愛」と呼びうるならば、その根底には必ず「合一感情」と「分離的尊重」の弁証法がある。そしてそれは、より高次の愛になればなるほど、「存在意味の合一」と「絶対分離的尊重」の弁証法へと高まっていく――。

「性愛」と「恋愛」の本質観取へ

もっとも、以上に論じてきたことは、今の時点ではまだすんなりとは腑《ふ》に落ちないことであるかもしれない。繰り返し述べてきたように、それは「愛」が情念であると同時に理念でもあるからだ。この〝理念性〟のゆえに、わたしたちは、自分ははたして「愛」を本当に知っているのか、だれかを愛したことがあるのかと、自問せずにはいられない。愛着や性欲が、理性の吟味を経ずにだれにでもありありと感じられるものであるのに対して、「愛」は、自分はこれを確実に知っていると、自信を持って言うことがむずかしい概念なのだ。

経験したことのない概念の本質を観取することは、原理的に不可能である。それゆえ、愛の本質を「合一感情」と「分離的尊重」の弁証法とか、〝真の愛〟にいたっては「存在意味の合一」と「絶対分離的尊重」の弁証法とか言ったとしても、もしわたしたちにその経験が不足していたならば、この本質観取がストンと落ちることはない。

そこで以下では、まずは「性愛」をテーマに、そして次章では「恋愛」をテーマに、右に述べてきたことを確かめていくことにしたいと思う。同じ「愛」でも、これらはいくらか〝感性性〟の高い概念であるからだ。「性」も「恋」も、わたしたちはありありと肉感的に感じることができるものである。したがって、〝理念性〟のきわめて高い〝真の愛〟

に比べるならば、これらの概念の本質観取はいくらか容易であるに違いない。

とはいえ、性をことさらに「性愛」と呼び、恋をことさらに「恋愛」と呼ぶ時、わたしたちはそこに、やはり一種の〝理念性〟を読み取っている。「性愛」という言葉を、わたしたちは単なる「性欲」とは区別して用いている。同じように「恋愛」も、多くは「恋」とほぼ同義で用いられるとしても、それでもわたしたちは、両者をいくらか区別しているはずである。わたしたちは、「恋に落ちる」とは言うが「恋愛に落ちる」とはあまり言わない。恋は一方的に落ちるものだが、恋愛はある種の〝関係性〟のうちにその本質があるという直観を、おそらくだれもが持っているのだ。

「性愛」も「恋愛」も、ある〝理念性〟を帯びた概念なのだ。そしてこれまでの考察が正しければ、この〝理念性〟の本質こそ、「合一感情」と「分離的尊重」の弁証法にほかならない。「性愛」も「恋愛」も、この根本本質を通奏低音に、それぞれ独自の音色を響かせるのだ。

2　エロティシズム

バタイユ『エロティシズム』

「性愛」の本質を明らかにする前に、本節では、まずはその中心にある性的なるもの（エロティシズム）の本質を明らかにしよう。

先に暫定的な結論として述べたように、あらゆる「愛」は、「合一感情」と「分離的尊重」の弁証法を通奏低音としながら、その上に独自の音色を響かせている。

この考察が正しければ、「性愛」もまた、「合一感情」と「分離的尊重」の弁証法の上に、ある独自の音色、すなわち性的なるものの音色を鳴り響かせているはずである。より正確に言うならば、「性愛」とは、性的なるもの、すなわちエロティシズムが、「合一感情」と「分離的尊重」の弁証法へと育て上げられた愛なのだ。

単なるエロティシズムを、わたしたちが「性愛」と呼ぶことはない。激しい性欲に突き動かされること、あるいは甘美なエロティシズムに酔いしれるただそれだけのことを、わたしたちが「性愛」と呼ぶことはない。それは、性欲やエロティシズムが、さらにその〝向こう側〟、すなわち「合一」と「分離」の弁証法という理念的情念に到達してはじめて使われる言葉なのである。
そこで以下では、まず人間的エロティシズムの本質に迫ってみよう。エロティシズムは、ごく単純には人間の性的欲望が掻き立てられること、その味わいのことだが、その意味で、これは「性愛」よりもはるかに肉感的・感性的な概念である。このきわめて肉感的・感性的なエロティシズムの本質を手がかりに、次節では、より理念性を帯びた「性愛」の本質観取へと足を踏み入れていくことにしたいと思う。

人間的エロティシズム。このテーマにだれよりも固執したのは、二〇世紀フランスの思想家、ジョルジュ・バタイユである。
知られているように、バタイユはその著『エロティシズム』において、これを次のように定義している。

エロティシズムとは、死におけるまで生を称えることだと言える。（バタイユ『エロティシズム』一六頁）

フランス語では、オルガスムは「ラ・プティット・モール」、つまり「小さな死」とも表現される。バタイユもまた、右の引用に見られるように、エロティシズムの本質に死との近似性を見る。

もっとも、これは人間的エロティシズムの本質と言うよりは、生命体における性欲動の本質と捉えられるべきだろう。交尾中に生きたままメスに喰われるカマキリや、空中での交尾後、力尽きて死んでしまうミツバチに典型的に見られるように、自然界における性欲動は、文字通り「死におけるまで生を称えること」にほかならない。

女王バチの中に差し込まれたオスのミツバチのペニスは、そのまま折れて女王バチの体内に残る。役目を果たしたオスは、地上に落下し息絶える。

次に女王バチのもとにやって来るオスは、その前のオスのペニスを顎で引き抜き、投げ捨てる。続いて自身のペニスを差し込むと、それもまた射精後に折れ、そうして彼もまた死んでいく。

彼らにとって、生殖とは文字通り「死におけるまで生を称えること」なのだ。

このような性欲動は、確かに人間にも存在するものだ。バタイユは、エロティシズムの最高の快楽は、わたしたちが実際に死ぬことなく、なお死の淵ぎりぎりに到達しそうなほどに狂おしい喜びを味わうところにこそあると言う。

極限へ赴きながら死んでゆく、欲望の過剰な暴力に従いながら死んでゆくということをせずに、この欲望の対象〔客体、事物〕の前に長く留まり、生の内に自分を維持するのは、なんと甘美なことだろう。（前掲書、二四二～二四三頁）

足場を踏みはずしたい、しかし倒れることなしに、というのが肉欲の本質なのだ。（前掲書、四一五～四一六頁）

しかしこれは、やはり基本的には生命体における性欲動一般の本質と言うべきだろう。その一方で、〝人間的〟エロティシズムには単なる生命体的エロティシズムに止まらない独自の本質がある。
バタイユは次のように言っている。

人間において禁止は、快楽を明示せずして現れることは絶対にないし、禁止の感情なくして快楽が現れることも絶対にない。（前掲書、一七八頁）

禁止。これこそ、人間的エロティシズムの根源にあるものだとバタイユは言うのだ。

メスのチンパンジーは、排卵期になるとお尻が赤くなり、多くのオスを惹きつける。同じように、人間の女性も、排卵期になると性欲が普段より高まり、またより魅力的になるという実験結果がある。男性も、排卵が近い女性の体の匂いをより好む傾向があるという。

先に言ったように、男性はヒップとウエストの比率が1対0・7の女性に特に魅力を感じるという。こうしたことは、文化による差がほとんどないことから、いわば自然によっていくらかプログラムされたものと考えられる。

しかし人間を発情させるのは、必ずしもそうした〝生物学的〟なものだけではない。むしろそれは、もっとはるかに〝文化的〟なものである。

文化的・社会的な〝禁止〟。これこそ、人間的エロティシズムを発動させる、最も本質的かつ普遍的なものなのだ。

卑近な例で言えば、まず服がそうだ。体を覆い隠すこの薄い布。これがわたしたちに、異性との（あるいは同性との）、エロティックで直接的な接触を〝禁止〟する。

しかしこの〝禁止〟は、禁止されているからこそ、これを侵したい、踏み破りたいという欲望をわたしたちの中に掻き立てる。あの人の服を脱がせたい、脱がさせたいという欲望を、わたしたちに抱かせるのだ。

禁止とその侵犯

九鬼周造は、日本語における「いき」の一つの本質契機として「媚態」を挙げたが、これもまたエロティシズムの一つのありようである。

たとえば、湯上がり姿。あるいはまた、襟足。

九鬼は、これら「いき」な媚態は、西洋にはない日本人に特有の感受性であると言う。

> 西洋の絵画では、湯に入っている女の裸体姿は往々あるにかかわらず、湯上り姿はほとんど見出すことができない。（九鬼周造『「いき」の構造』五二頁）

> 西洋のデコルテのように、肩から胸部と背部との一帯を露出する野暮に陥らないところは、抜き衣紋の「いき」としての味があるのである。（前掲書、五六頁）

しかし、たとえこれが日本人特有の「いき」な媚態であったとしても、その本質構造はエロティシズムのそれと基本的には変わりない。湯上がり姿も襟足も、それがエロティシズムの視線に捉えられたならば、「禁止しつつ侵犯を誘惑する」ものとしての本質を持つ。[3] 洋の東西を問わず、「禁止」とその「侵犯」は、人間的エロティシズムの第一の本質なのだ。

いきな媚態より、はるかに直截的なエロティシズムの例はいくらでも挙げられる。たとえば、禁止された〝人のもの〟への欲望。あるいは、〝あるべき人間関係〟を踏み破る欲望――。

インターネットの検索ワードを収集し、現代人の性的欲望を大規模に調査した研究によれば、ヘテロセクシャルの男性が最も性的興味を惹かれる女性は、〝若い女性〟に次いで〝浮気妻〟や〝素人〟等であるという。同性愛の男性も、相手がストレートであった方が性的により惹かれる傾向があるとの指摘もある。女性向けのポルノ動画や小説は、富や名声を誇る男性やたくましい男性から、女性の禁止線を踏み破ってその体を求められる類いのものが、圧倒的な人気を誇っているという（オーガス&ガダム『性欲の科学』）。

これらの例からもうかがい知れるように、禁止とその侵犯というエロティシズムの本質は、今やほとんど常識の範疇と言っていいほど容易に理解されるものである。

起源としての「労働」

しかしバタイユの慧眼《けいがん》は、このような常識的な本質洞察のさらに先にある。

人間的エロティシズムは、「労働」をその起源とする。そうバタイユは指摘するのだ。

一言で言うと、人間は労働によって動物と異なるようになったのだ。と同時に、人間は禁止という名で知られている制約を自らに課した。（バタイユ『エロティシズム』四八頁）

人間と動物を分かつ最大の本質、バタイユによれば、それは人間が「労働」する存在である点にある。「全て動物は、世界の内にちょうど水の中に水があるように存在している」（『宗教の理論』二三頁）。つまり動物は、自らの生を省みることなく、いわばただ自然の摂理に従って生きることしかできない存在である。

それに対して人間は、ヘーゲルの言葉で言えば「自己意識」を持った存在である。ハイデガーの言葉で言えば「存在可能」をめがける存在である。要するに、わたしたちは自己を対象化する能力を持ち、未来へ向けて自らを改変し、さらには世界それ自体をも改変し

3　九鬼の言う「いき」の本質契機には、「媚態」のほかに「意気地」と「諦め」がある。「いき」はエロティシズムに回収される概念ではなく、それをいくらか内包する概念である。

うる存在なのだ。

もっとも、近年では多くの科学者が、動物もまた自己意識を持つ存在であると考えている。実際、自分を痛めつけた相手に、何週間も経ってから攻撃を仕掛けるチンパンジーのオスがいる。そこには確かに、「水が水の中に存在している」以上の、意志らしきものが見て取れるようにも思われる。

しかしいずれにしても、動物が人間と同等の水準において「労働」をすることはない。労働という名の、自己および世界改変の意識的な営みを行うことはない。人間は——おそらく人間だけが——労働を通したきわめて長期的な時間を生きるのだ。

しかしこの労働を遂行するためには、わたしたちは自らのさまざまな欲望をどうしても抑圧・禁止する必要がある。労働社会が進展するにつれて、それはさらに社会的な抑圧・禁止として体系化されることになる。

怒りに任せて、人を簡単に殴ったり殺したりすることは許されない。それは社会秩序を乱すものである。「労働の世界が禁止によって排除したものは暴力である」(『エロティシズム』六七頁)。同じように、奔放な性生活も禁止される必要がある。それは労働効率を下げるだけでなく、性の相手をめぐる争いを生むことにもなるだろう。

こうして、文明が進歩すればするほど、性の禁止はより顕著なものとなる。はるか太古の昔、人類は、その遺伝学上の兄弟であるチンパンジーやボノボのように乱婚生活を送っていたとする説があるが（ライアン&ジェタ著『性の進化論』）、その真偽はさておくとしても、労働社会――とりわけ農耕社会――に移行するにしたがって、性はますます普遍的に禁止されるものとなったのだ。

しかしまさにここにこそ、人間的エロティシズムが、動物のそれとは違って高度に洗練されることになった所以がある。

禁止あってこそ、わたしたちはこれを侵犯する享楽を味わうことができるのだ。労働社会を生きるわたしたちは、日常においては「禁止」の世界を生きている。しかしそれゆえにこそ、その禁止を「侵犯」する欲望を、わたしたちは絶えずその奥底に滾らせているのだ。

美を汚す

ところでバタイユによれば、エロティシズムにおいて「禁止」されるものは、まず何をおいても（女性の）「美」である。男性にとっての「欲望の対象は、まず、女性的な美」なのである（『エロティシズムの歴史』一九九頁）。

エロティシズムにおける「美」は、禁止されているがゆえに「美」としての価値を帯びるものである。したがって、美しい自然、美しい芸術作品、といった「美」は、エロティシズムにおける「美」とはその本質をやや異にする。隠され、禁止された可憐なもの、秘密のもの、淫靡《いんび》なもの、そうしたものが、エロティシズムにおいては「美的」な価値を帯びるのだ。

そして男性は、この相手(女性)の「美」を〝汚《けが》す〟ことによって、エロティシズムにおける「禁止の侵犯」を愉《たの》しむとバタイユは言う。隠され禁止されているがゆえに、美しく価値あるものへと高められた対象を、男は汚したい、引きずり下ろしたいと欲望するのだ。

> 人は美を汚すために美を望んでいるのだ。美そのもののためにではなく、美を汚しているという確信のなかで味わえる喜びのために、美を望んでいるのである。(バタイユ『エロティシズム』二四七~二四八頁)

もっともこの言いようは、わたしにはあまりにステロタイプ化した、きわめて陳腐なものであるように思われる。

隠され禁止されているからこそ、男性にとって「美」としての価値をもって現れたものを〝汚す〟こと。相手の女性が、気高くあればあるほど、あるいは可憐であったり無垢《むく》であったりすればするほど、エロティシズムにおいて、それは汚すべき美としての価値を持つ。そうバタイユは主張する。

しかし〝汚す〟とは、ただ穏やかでないだけでなく、正確でもない言葉である。それは文字通り、相手の肉体や精神を〝踏みにじる〟ことである。

しかしすべての男性が、そのような仕方で女性の美を〝汚す〟ことにエロティシズムを感じていると言えるだろうか？　わたしたち男性は、〝汚す〟という言葉で表現するのがふさわしいような性的欲望を、皆本当に抱えているのだろうか？

「禁止の侵犯」は、今やほとんど常識的な見解ではあるにしても、エロティシズムの本質を十分に捉えた洞察である。しかし「禁止の侵犯」は、「美を汚す」ことと必ずしも同義ではないようにわたしには思われる。

確かに、そのような仕方で禁止を侵犯することにエロティシズムを感じる者もいるだろう。しかしより一般的には、わたしたちはむしろ、禁止された美を〝味わう〟〝味わい尽くす〟という仕方で侵犯しているのではないだろうか？　美を〝汚す〟と〝味わう〟は、一部重なる概念ではあるかもしれないが、エロティシズムの本質を表す言葉としては、前者はあまりに一面的であるように思われる。

美を〝汚す〟エロティシズムがあること自体を否定することはできない。しかしだからと言って、男性のエロティシズムにおける禁止の侵犯が、女性の美を〝汚す〟ことに還元され尽くすわけではない。バタイユに反して、男性的エロティシズムの一般傾向は、禁止された美を〝汚す〟ことではなく、それを〝味わう〟仕方で侵犯するところにあると言うべきではないか？

美を汚される

エロティシズムに関するバタイユ説には、さらに大きな問題がある。女性のエロティシズムの本質を、「自身の美が汚される」ことにあるとした点である。これは、右に見た男性的エロティシズム以上にステロタイプ化した見方である。

女は、男の攻撃的な欲望に、自分を対象として、客体として呈示するのである。どの女のなかにも潜在的に娼婦がいるというわけではないが、売春は女の姿勢の帰結である。女は、その魅力の程度に応じて男の欲望の的になる。女が純潔さへの偏見から自分を完全に覆い隠す場合は話が別だが、原則として問題は、いくらで、どのような条件で女が屈するか、ということなのだ。しかも、条件が満たされると、女はつ

ねに一個の対象として、客体として自分を提供する。（前掲書、二二二頁）

言うまでもなく、女性のエロティシズムについては、バタイユも、そしてわたしも、十分にその本質をつかみ取ることはできない。しかしそう断った上でなお、バタイユの思想には、看過できない偏りがあるようにわたしには思われる。

先にも見たように、女性向けのポルノ動画や小説は、ヒロインが権力や性的魅力のある男性から、禁止線を破って支配的にセックスをさせられる類いの作品が圧倒的な人気を誇っているという。

あるいはまた、女性は、セックスに満足できない大きな理由として、自分の体への不満を挙げることが多いとも言われている。またその一方で、自分の体に自信のある女性は、セックスに満足すると答えることが多いという（オーガス＆ガダム『性欲の科学』）。

しかしこれらの事例を、わたしたちは「汚す―汚される」という関係において理解すべきと言えるだろうか？　権力や性的魅力のある男性から「支配的にセックスをさせられる」ことへの嗜好《しこう》を、即座に「汚される」欲望と捉えてよいのだろうか？　「自分の体に自信のある女性」が、その美を「汚される」欲望を抱いていると解釈するのは、いささか飛躍的と言うべきではないか？

先述したように、「汚す―汚される」とは、穏やかでないだけでなく正確でもない言葉だ。むしろわたしたちは、これを「求められることへの欲望」と理解すべきではないだろうか？　権力や性的魅力のある男性から、〝このわたしの美〟という性的禁止を打ち破って求められる喜び。そのある種ナルシスティックな禁止の侵犯に、エロティシズムを感じていると言うべきではないだろうか？

それゆえわたしは、女性的エロティシズムの一般傾向を、「美を汚される欲望」ではなく、「求められることへのナルシスティックな欲望」と呼んでおくことにしたいと思う。

もちろん、自身の美を〝汚される〟ことに激しいエロティシズムを感じる女性もいるだろう。しかしだからと言って、女性のエロティシズムにおける「禁止の侵犯」が、自分の美を〝汚される〟ことに還元され尽くすわけではない。〝汚される〟と〝求められる〟は、一部重なる概念ではあるかもしれないが、しかしエロティシズムの本質を表す言葉としては、前者はやはりあまりにも一面的であるように思われる。

一般化の危険性

もう一点、エロティシズムについては、何よりも個人差がきわめて大きいことに注意すべきである。自分の美を汚される欲望を持つ男性もいれば、相手の美を味わう欲望を持つ女性もいるはずである。性的指向の多様性を考えればなおのこと、エロティシズムを男性的／女性的という区分で論じることの問題を指摘しないわけにはいかない。バタイユ自身は、男性的エロティシズムと女性的エロティシズムとをいくらか峻別《しゅんべつ》して考えていたように思えるが、これはやはり、さしあたっての傾向性と考えるべきものだろう。

男女の性的欲望は、進化論的に言って決定的・絶対的に異なるものであると主張する科学者もいる。男は、チャンスがあればできるだけ多くの女性に自分の遺伝子を継ぐ者を産ませたいと思い、女は、妊娠出産のリスクのゆえに、自分や子どもを守ってくれる一人の男を吟味する仕方で、その性欲のあり方をそれぞれに進化させてきたのだと（サーモン＆サイモンズ『女だけが楽しむ「ポルノ」の秘密』）。

これが進化論的に妥当な見方かどうかについてははなはだ疑問だが[4]、しかし、たとえそのような男女の一般傾向があったにしても、このことを決定的・絶対的な差とするのは短絡的すぎるように思われる。不特定多数の男に性欲を向ける女性は存在しないなどと、わたしたちは本気で言うことができるだろうか？

4 『性の進化論』の著者、クリストファー・ライアンとカシルダ・ジェタは、先に少し触れたように、むしろ人類は何万年もの間「乱婚」生活を送っていたとする説を唱えている。言うまでもないことだが、科学はつねに「仮説」であって、それゆえわたしたちはそこからいかなる絶対的な「決定論」も導くことはできない。

男女の性欲における生物学的な一般傾向は、確かにいくらか存在しているかもしれない。しかし人間のエロティシズムは、それだけに絶対的に決定づけられているわけではない。

哲学的に言えば、エロティシズムの根本本質は、男女問わず「禁止とその侵犯」にある。その上で、あえて男性的エロティシズムと女性的エロティシズムの一般傾向を言うならば、男性は、禁止された相手の美を〝味わう〟という仕方でエロティシズムを享受する。他方、女性のエロティシズムは、自身の禁止された美を求められることへの〝ナルシスティックな欲望〟という一般傾向を持つ。

しかし繰り返すが、エロティシズムにおける「禁止の侵犯」のあり方は、いくらか男女の一般傾向があったとしても、より一層個人差として捉えられるべきである。どのような仕方で禁止を侵犯することにエロティシズムを感じるかは、きわめて個人的な事柄なのだ。

3 性愛

二つの類型

禁止とその侵犯。すなわち、禁止された「美」を〃味わう―味わわせる（求めさせる）〃ものとしてのエロティシズム。

このような見方は、エロティシズムの本質をおそらく十分に突いている。

ではこのエロティシズムの本質論から、わたしたちは「性愛」の本質観取へと進んでいくことはできるだろうか？　単なる性欲やエロティシズムは、繰り返し述べてきたようにきわめて肉感的・感性的な概念である。それに対して「性愛」の概念は、「愛」の名の下に包摂される限り、必ず何らかの〃理念性〃を帯びたものとしてわたしたちに直観されている。

この〃理念性〃の本質を、わたしたちは先に「合一感情」と「分離的尊重」の弁証法として明らかにした。さらにその本質契機として、理念的な「歴史的関係性」という概念も提示した。

この根本本質と本質契機を、わたしたちは「性愛」においても見出すことはできるだろうか？

「性愛」と言う時、そこにはさしあたり二つの類型があるように思われる。

一つは、最も単純な、あるいは原初的な「性愛」、すなわち、エロティックな関係における「愛着」感情。

この人はわたしのエロティシズムにとって大切な人。性的な関係において、わたしたちはそのような「愛着」の情を時に抱くことがある。逆に言えば、このような「愛着」がなかったなら、わたしたちがそれを「性愛」の名で呼ぶことはない。

この単純な「性愛」にさえ、わたしたちは、単なる性欲やエロティシズムをいくらか超え出た本質をすでに見ることができる。

美しい襟足。その襟足を求める視線。これさえあれば、単なるエロティシズムはある意味で成立する。禁止された美とその侵犯への誘惑。単純なエロティシズムが必要とするのは、ただそれだけである。

他方、「愛着」の付着した「性愛」関係には、先に「愛」の根本本質として見た「合一感情」と「分離的尊重」の弁証法が、微かではあっても観て取れる。単なるエロティシズムが、「愛」の本質をいくらか帯びたものへと育て上げられていいるのを観て取ることができるのだ。

単なるエロティシズムは、徹頭徹尾エゴイスティックな情念である。〝このわたし〟の欲望のために、わたしは性対象を利用する。しかし「性愛」は違う。それをことさらに「性愛」と呼ぶ時、わたしの中には、相手を〝わがもの〟にしようとする合一化のエゴイズムと同時に、そのエゴイズムの乗り越え、すなわち相手の存在それ自体への慈しみがある。「合一感情」と「分離的尊重」の弁証法の、微かな兆しがここにはあるのだ。

前に見た「歴史的関係性」もまた、「性愛」の一つの重要な本質契機をなしている。単なるエロティシズムは、「歴史的関係性」を必ずしも必要としない。出会って間もない相手にも、さらには画面の向こうの相手にさえ、わたしたちはエロティックな欲望を容易に掻き立てられる。しかし「性愛」は違う。それを「性愛」の名で呼びうる限り、わたしはそこに、相手との「歴史的関係性」を必ず感じ取っている。二人の間で繰り返し味わわれてきたエロティックな関係性に、わたしは愛着を抱いているのだ。

「性愛」の第二の類型は、この「愛着」としての「性愛」よりもはるかに激しい理念的情念である。

「極限的なエロティシズム」。すなわち、「極限へ赴きながら死んでゆく、欲望の過剰な暴力に従いながら死んでゆくということをせずに、この欲望の対象の前に長く留まり、生の内に自分を維持する」とバタイユが言ったもの。死をも想起させるほどに狂おしいエロティシズムに焼かれる、強烈な蕩尽《とうじん》体験。

そのような体験をもたらす相手に対して、わたしたちは、それを「性愛」と呼ばずにはいられないような、単なるエロティシズムを超え出た情念を時に持つ。

この激烈なエクスタシーにおいて、わたしたちは、真木《まき》悠介《ゆうすけ》の言葉を借りれば「何ほどかは主体でなくなり、何ほどかは自己でなくなる」体験をする(『自我の起原』一四七頁)。わたしとあなたの境界線は、いくらかおぼろげになる。「極限的なエロティシズム」としての「性愛」において、わたしは、わたしから分離された相手の存在を尊重しながら、しかしなお二人がたがいに「合一」しうる存在同士であることを知る。わたしとあなたは、文字通り二人で一つになるのだ。

ここにもまた、「合一」と「分離」の弁証法という「愛」の根本本質が観て取れる。さらには、理念的な「歴史的関係性」もまた、この「極限的なエロティシズム」としての「性愛」における重要な本質契機をなしている。理念的な「歴史的関係性」。それは、何日、何週間といった、客観的な「歴史的関係性」とは異なるものである。わたしとあなたが、共にエクスタシーにおいて合一する。「極限的なエロティシズム」は、そのことによってある理念的な歴史性をわたしたちに確信させる。「エクスタシーによる合一」を共有し得たというその共有の歴史性が、わたしたちにそれが「性愛」であるという確信をもたらすのだ。

連続性のエクスタシー

ここでわたしは、バタイユにおけるエロティシズムの第三の本質定義――「死におけるまで生を称える」「禁止とその侵犯」に次ぐ第三の本質定義――すなわち「連続性へのノスタルジー」を、再び思い起こさずにはいられない。

「はじめに」でも述べたように、バタイユによれば、人間的エロティシズムの根源には「連続性へのノスタルジー」がある。人間が、自己意識を持つ前に浸されていた全生命体の「連続性」の世界。わたしたちはこの「連続性」へのノスタルジーをつねに胸の内に滾らせている。そしてエロティシズムを通してその世界へと回帰する。

しかし前にも論じたように、これは残念ながら虚構である。「連続性」の世界なるものが本当にありうるのかどうか、わたしたちは確かめることができない。バタイユの「連続性」の思想は、かつてのわたしの「人類愛」がそうだったように、おそらくは死や孤独の不安によって捏造された反動的ロマンの世界なのだ。

しかしその上で、わたしたちは次のように言うべきではないか？

人間は、元来「連続性」の中にあった生命体であり、それゆえだれもがそれへのノスタルジーを持っている、などと言うわけにはいかない。しかしわたしたちは、「極限的なエロティシズム」の中にある時、あたかも自身が「連続性」へと回帰しているかのような、「何ほどかは主体でなくなり、何ほどかは自己でなくなる」体験に確かに浸るのではないか？

この回帰体験は、二人の間の、連続的な存在同士としての「歴史的関係性」をわたしに確信させるものである。そしてわたしたちは、確かにこのような体験をこそ「性愛」の名で呼んでいるのではないだろうか？

激しい「性愛」を描く映画や絵画の一つのクリシェは、海や波のイメージを挿入することである。これはまさに、溶け合う生命体、すなわち「連続性」の象徴である。中世ヨーロッパの恋愛物語、と言うより「性愛」の物語と言うべき『トリスタンとイゾルデ』を楽劇にしたワーグナーが、その冒頭で奏でた音楽のテーマもまさに「海」だった。

海、波、そして、「ラ・プティット・モール」（小さな死）。これらの言葉に象徴されるようなエクスタシー体験は、もはや単なるエロティシズムの域を超えている。互いに「分離」した存在でありながら、そしてそのような存在同士として尊重し合いながらも、死を連想させるほどに互いに溶け合い、合一する体験。このような「合一」と「分離」の弁証法にこそ、「性愛」の本質があるのだ。

人生において、このような性愛体験はそう何度も味わえるものではない。しかしまさにそれゆえにこそ、わたしたちはこのような体験を「愛」の名で呼ぶ。「愛」がそう容易く手に入れられるものではないことを、わたしたちは知っているからだ。

こうして、わたしたちが「性愛」の名で呼ぶ愛もまた、「合一感情」と「分離的尊重」

の弁証法を根本本質とし、理念的な「歴史的関係性」を本質契機とする概念である。「性愛」は、禁止とその侵犯としてのエロティシズムを通して、右のような〝理念性〟へと育て上げられた「愛」なのだ。

第三章　恋愛

1　恋

「恋愛」は「愛」なのか

ある時期から、わたしたちは「恋愛」というものの存在を知るようになる。なぜだか分からないが、わたしを惹きつけてやまない人がいる。寝ても覚めてもあの人のことが頭から離れない。気づけば視線はその人ばかりを追いかけ、食事が喉を通らなくなり、世界はその人を中心に織り成されているかのように見えるようになる。

それがエロティシズムとは異質のものであることに、わたしは気がついている。思春期の青年の目には、恋の相手が単なる性欲の対象とは映らないことがある。性欲の対象は、何かもっと生々しく、現世的で、侵犯すべき相手である。

もちろん、恋愛は性欲とまったくの別物であるわけではない。しかしそれでもなお、わたしはそこに、単なる性欲やエロティシズムには回収され得ないある魅惑的なものを感じ取っている。

この魅惑的なものとは、いったい何だろうか？　わたしがこの人に惹きつけられるのは、いったいなぜなのか？

もう一点、答えなければならない問いがある。

そもそも「恋愛」は、ただ一言で「愛」と呼ばれるものと、その本質を共有するものなのだろうか？　確かに「恋愛」は、「愛」の名の下に包摂される代表的な概念の一つではある。しかし情熱恋愛（スタンダール）と親の子に対する愛とでは、その内実が著しく異なっている。

それでもなお、わたしたちは両者の間に、共通の意味本質を見出すことができるだろうか？　「合一感情」と「分離的尊重」の弁証法？　理念的な「歴史的関係性」？　これらの「愛」の根本本質や本質契機を、「恋愛」もまた共有していると言えるだろうか？

知られているように、「恋愛」という言葉は明治以前の日本にはなかった。「好き」「恋しい」「惚れた」「愛しい」という言葉はあったが、これらはいずれも、多分に性的なニュアンスを含む概念だった。日本人は、その文化の総体としては、西洋文化の流入によってはじめて「恋愛」の存在を〝発見〟したのだ。

しかし前に述べたように、だからと言って、わたしたちは「恋愛」は時代や文化によって相対的な概念であるなどと安易に言い捨てるわけにはいかない。わたしたちが「恋愛」という言葉を持ち、その意味の共有可能性が確信されうる限りにおいて、「恋愛」の共通意味本質は必ず取り出すことができるのだ。

加えて、恋愛の〝発見〟をヨーロッパ人だけの手柄にするのは明らかに誤りである。恋愛は、一二世紀における中世の騎士たちを主人公にしたフランス文学（トルバドゥールと呼ばれる詩人らの手になる抒情詩）において発見されたと一般には言われるが、言うまでもなく、恋の歌は日本の古代文学においても見られるし、そのはるか以前の古代中国や聖書などにも見られるものである。後で述べるプラトンの二五〇〇年も前の恋愛論も、それが基本的に少年愛を意味していたという点において、今日における一般的な恋愛とはいくらか趣を異にするものであったとしても、今なお哲学的恋愛論の最高傑作と呼ぶべきものである。

恋愛は、それをどう捉えるかについては時代や文化によって確かにいくらか隔たりがある。しかし恋愛感情それ自体は、わたしたち人間にとっておそらくかなり普遍的なものである。少なくとも、ある一定の文化水準にある社会においては、きわめて普遍的な感情である。後に見るように、古代ギリシアの芸術や平安文学、また中世ヨーロッパの文学など、その社会の文化水準が一定以上に高まってはじめて、恋愛が人びとの大きな主題として認識されるようになったのは、理由のないことではない。

この普遍的な感情の本質を、わたしたちはまず自らの体験のうちに洞察し、そして広く問い合わねばならない。

「恋」と「恋愛」の違い

まず、次の点から考えてみよう。

わたしたちは、「恋」と「恋愛」という二つの日本語を持っている。両者の違いを、普段わたしたちが意識することはあまりないかもしれない。しかし改めて考えてみると、両者の間にはいくらかのニュアンスの違いが存在してはいないだろうか？

それはおそらく、「友情」に比べて「友愛」が、また「性欲」に比べて「性愛」が、単なる情念や欲望の次元を超えた〝理念性〟を帯びた概念であったのと同様である。

「恋に落ちる」とは言うが、「恋愛に落ちる」とはあまり言わない。確かに英語では、「恋に落ちる」は「フォール・イン・ラブ」と言われるが、ここで「ラブ（愛）」という言葉が使われるのは、英語においては単に「愛」と「恋」とを概念的に明確に区別する志向性がないだけのことである。アラビア語では、ラクダを表す言葉が五〇〇〇や六〇〇〇ものの仕方で分節されていたことを思い起こそう。日本語は、英語で「フォール・イン・ラブ」と言われるところの感情を、「恋愛に落ちる」ではなく「恋に落ちる」という仕方で分節しているのだ。

とはいえ、英語においても「恋」と「恋愛」の間にはじつはかなりの隔たりがある。英語で恋愛は「ロマンティック・ラブ」と呼ばれるが、英語話者も、恋に落ちたばかりの相手にかける言葉は基本的には「アイ・ライク・ユー」である。それが「アイ・ラブ・ユー」に変わるのは、恋をする人が、それが本当に「ラブ」であるかどうか十分に確かめてからである。それはつまり、恋愛における英語の「ラブ」もまた、理性の吟味を経なければ軽々しく「愛」と呼ぶわけにはいかない概念であるということだ。

「恋愛」が「愛」の名で包摂される概念である以上、そこにはやはり、「恋」とはいくらか区別された〝理念性〟があるのだ。そしてこれまでの考察が正しければ、その〝理念性〟の本質こそ、繰り返し述べてきた「合一感情」と「分離的尊重」の弁証法にほかならない。

そこで以下では、まず「恋」とはいったい何なのか、その本質を明らかにしていこう。今や容易に察せられるように、「恋愛」とは、この「恋」が「合一」と「分離」の弁証法という「愛」の本質へと育て上げられたところに見られる理念的情念である。

自己ロマンの投影とそれへの陶酔

「愛」に比べて、「恋」は本質観取が比較的容易な概念である。「愛」が〝理念性〟を帯びた概念であるのに対して、「恋」はきわめて肉感的・感性的な概念であるからだ。

恋に落ちた時、わたしたちはそれを、この胸の内ですぐにそれと知ることができる。もちろん、一口に恋と言っても、かすかな恋の気配から、身を焦がすほどの激しい恋に至るまで、その程度はさまざまである。しかしわたしたちは、もしもそれが本当に恋であるなら、「これは確かに恋である」と自らに必ず確かめることができる。その恋心が、単なる性欲や愛着などと区別がつかないこともないわけではないが、それはあえて言ってしまえば恋ではないのであって、もしもそれが本当に恋であったなら、わたしたちは必ずそれと知ることができるはずなのだ。

なぜか？

恋においては、「これを欠いては恋と呼べない」と言えるいくつもの契機があるからだ。

胸の高鳴り、驚き、〝この世ならぬ〟喜び。しかしその一方で、切なさ、不安、時に度を越すほどの嫉妬……。恋に落ちた時、わたしたちは必ず、程度の差こそあれこれらの感情を味わうことになる。逆に言えば、これらの感情が少しもなかったなら、わたしたちがそれを恋と呼ぶことはないはずなのだ。

恋の驚き。それはいったい何だろうか？

『若きウェルテルの悩み』で、ゲーテは自らの分身であるウェルテルに次のように語らせている。親友の許嫁《いいなずけ》に恋をしてしまったその日、友人に宛てて書いた手紙の一節である。

私は何気《なにげ》ない挨拶をしたが、心はすっかりその姿、その声音《こわね》、その挙止に奪われてしまった。そして、彼女が手袋と扇をとりに部屋に走っていったときに、はじめて驚きからほっとわれにかえった。(ゲーテ『若きウェルテルの悩み』三五頁)

恋に落ちた時、わたしたちは多かれ少なかれ、何らかの驚きに必ず打たれる。それはまず、自分のうちにこのような非日常的な感情が沸き起こったことへの驚きである。しかしそれだけではない。この驚きの奥へとさらに目を向けたなら、わたしたちは、それがある特異な性質を持った驚きであることに気がつくことになる。意識的にも無意識的にも、このわたしが長らく抱き続けてきた〝ロマン〟。そんな〝ロマン〟を、この現実世界に見出してしまった驚きである。

「これなんだ、まさにこれなんだ!」

恋に落ちた人は、そう思わずにはいられない。ロラン・バルトはそのように言う(『恋愛のディスクール・断章』三三三頁)。「求めていたのはこの人だったんだ!」恋に落ちた時、わたしたちは必ずそう思う。

しかしわたしは、いったいどこでこの人を求めていたのか？

それこそまさに、わたし自身の〝ロマン〟においてだ。こんな人との出会いを、わたしは無意識のうちに夢見ていたのだ。より正確に言えば、わたしはこの人に出会ったことで、この人こそがわたしのロマンそのものであったことに気づくのだ。

ロマン、それは現世を超えた彼岸的な理想、夢、憧れのことである。わたしたちは、だれもが多かれ少なかれこのような自己のロマンを持っている。恋に落ちるとは、それまで半ば無意識のうちにため込まれてきたそんな〝この世ならぬ〟自己のロマンが、現実の世界に具体的な姿をもって現れ出たのを発見することなのだ。

自己ロマンの投影と、それへの陶酔。ここに、恋の最も根本的な本質がある。もちろん、その投影と陶酔の程度は場合に応じてさまざまである。しかし、もし自己ロマンの投影が少しもなければ、わたしたちがそれを恋と呼ぶことはない。単なる愛着、居心地のよさ、楽しさ、満たされた気持ち……そこにあるのがこのような感情だけであったなら、それは決して恋ではないのだ。

ロミオは、ジュリエットをはじめて見た時の驚きを次のように言い表している。

あの美しさはもったいなくて手も触れられぬ、立派すぎてこの世のものとも思えぬ！
（シェイクスピア『ロミオとジューリエット』五六頁）

「この世のものとも思えぬ」のは当然のことだ。かの人は、わたし自身の文字通り〝この世ならぬ〟ロマンなのだから。

挫折の反動

しかしわたしたちは、いったいなぜこのような自己ロマンなるものをその胸にためるのだろう？

哲学者の竹田《たけだ》青嗣《せいじ》は次のように言っている。

両親、周りの大人たち、遊び仲間、といった現実世界の他者たちは、子供の自己中心性にとって絶えざる「挫折」をもたらす源泉である。子供は「挫折」にぶつかり、自己中心性を生き延びさせようとしてロマン的世界を作り上げ、そこに逃げ込む。（竹田青嗣『恋愛論』九六頁）

自己ロマンとは、挫折経験や満たされなさの反動から作り上げられた憧れの世界にほかならないのだ。

しかしこのロマンの世界は、わたしたちの生にとってきわめて重要な意味を持っている。

なぜなら、このことで人は、ある目標を立ててそれに〝憧れ〟つつ、同時にそういう自己の像に〝憧れて〟生きることができるからだ。この〝憧れつつ生きること〟は人間が生を味わう力の根源にほかならない。人間がまったく何ものにも憧れないなら、生はただ、生存を維持するための必要に還元されるだろう。（前掲書、一〇一頁）

こうしてわたしたちは、自らのうちにロマンをため、それを体現したかに見える相手にその姿を投影する。

恋をした時、わたしたちは、これまで自分が半ば無意識に抱いてきた自分自身のロマンティックな憧れに、否応なく気づかされるのだ。恋に落ちた時の胸の高鳴り、それは、わたしがこのわたし自身の憧れを知り、そしてその憧れを、この世界に見つけてしまった驚きであり喜びなのだ。

さて、ここで重要なことは、この〝挫折〟や〝満たされなさ〟が、ロマンを生み出すのにほどよい程度のものであり、ルサンチマンに転じるほどには強力ではないという点である。

ロマンとルサンチマンは、わたしの考えでは紙一重の関係にある。ほどよい挫折や満たされなさは、わたしたちにその反動としてのロマンを抱かせる。しかし過度の挫折は、むしろわたしたちのロマンを打ち砕き、それをルサンチマンへと転じさせるのだ。

わたしが過度のルサンチマンを抱いている限り、恋はおそらく生まれようがない。ルサンチマンは、わたしのうちに沸き起こるロマンや理想を、絶えず窒息させ捻《ひね》り殺そうとするからだ。憧れ、夢、理想。ロマンの力をわたしが自らのうちに宿している限りにおいて、わたしはロマンティックな憧れの世界を夢見ることができる。そしてその世界を、だれか別の人に投影することができるのだ。

芸術という媚薬

自己ロマンの投影と、それへの陶酔。この恋の本質のゆえに、わたしたちはその〝媚薬〟もまた持っている。わたしたちの恋を、その陶酔を、一層掻き立てる甘い〝媚薬〟を。

音楽、文学、絵画、演劇といった、文化・芸術がそれである。「この世で音楽ほど人の心を恋愛に誘うものはない」とスタンダールは言う。「音楽を聞き、または聞きながら夢みるという習慣は、恋の下地をつくる」(『恋愛論』四九、五〇頁)。美しい音楽に酔いながら、恋の予感や喜びやほろ苦さを同時に味わった経験を、おそらくだれもが持っている。そのことが、恋心をさらに昂《たかぶ》らせた経験を、多くの人がきっと持っているに違いない。

音楽はその最たるものだが、多くの芸術作品は、わたしたちをロマンティックな空想の世界へと誘ってくれるものである。それが恋をテーマにしたものであろうとなかろうと、これらの作品世界を通して、わたしたちは自らのロマンを半ば無意識に描き上げるのだ。

人が恋なるものの存在を普遍的に知るようになった背景には、古代ギリシアにせよ平安文学にせよ一二世紀ヨーロッパの文学にせよ、必ずすぐれた文化・芸術の普及があった。高度な文化・芸術こそ、恋の養分であり媚薬なのである。わたしたちは、いわば恋を知る前から、これら芸術の世界を通して恋の何たるかを空想する。ラ・ロシュフーコーも言う通り、恋の話を耳にしたことがなければ、わたしたちが恋に落ちることも滅多にないだろう(『箴言集』第一三六)。

〝ほんとう〟の世界

しかしなぜ、芸術はこれほどにも恋の〝媚薬〟になりうるのだろう？

わたしの考えでは、それはそもそも芸術が、恋ときわめて近い本質を持つものであるからだ。

「芸術とは真理の生成であり生起である」とハイデガーは言う（『芸術作品の根源』一一七頁）。解釈次第では、これはきわめてすぐれた芸術の本質観取である。

ただし、哲学史においてはあまりに手垢にまみれた「真理」という言葉は、ここではいったん封印しておこう。その代わりわたしは、ハイデガーの言う「真理の生成」を、わたしたちにとっての〝ほんとう〟の〝意味世界〟の生成として捉え直すことにしたいと思う。彼の芸術論をこのように捉え直した時、芸術の本質はより鮮やかに浮かび上がってくるように思われるからだ。

「真理」という言葉は、絶対的・客観的真理や、この世界の背後にある、ある名状しがたい「本体」――この世は仮象であって、この世を超えたところにこそ本当の世界があるといった――を想起させる。そのような「真理」や「本体」がありうるのか、あるいは「真理」なるものをどう捉えるべきかは、哲学史における一つの重要なテーマではあるが、ここでは立ち入らない。[5] ここではただ、わたしたちにとっての〝ほんとう〟の〝意味世界〟は、あくまでもわたしたち自身において確信される〝ほんとう〟であって、絶対の真理や「本体」を何ら意味するものではないことを強調しておこう。

「これこそが〝ほんとう〟の芸術だ」「この人こそ〝ほんもの〟の芸術家だ」。わたしたちは時にこのような仕方で〝ほんとう〟や〝ほんもの〟という言葉を使うが、ここで言う〝ほんとう〟とは、まさにそのような意味における概念である。

　要するに、芸術は、わたしたちに「このような〝ほんとうの世界〟があったのか」と知らしめてくれるものなのだ。そのような〝意味〟を、わたしたちのうちに生起させるものなのだ。

　美しい音楽に酔いしれる時、わたしたちは、「このような〝ほんとうの世界〟があったのか」と思わずにはいられない。すぐれた文学においてわたしたちが感じ取るのは、わたしたちの人生においてありうべき、あるいはあれかしと願う、ある〝ほんとうの世界〟に

5　ハイデガーの「真理」概念は、彼がどれだけ煌びやかで独創的な諸概念を作り出し糊塗しようとしたところで、この世界の背後にある、ある名状しがたい「本体」を意味していたとして、竹田青嗣は次のように言っている。「世界についての、あるいは真理についての『本体』観念が生き続けている間は、人々は、芸術の表現性の背後に、神、理念、絶対者といったその超越的本体の存在を推論し続ける。ハイデガーの芸術における『存在の真理』もまた、この思考のうちにある」(『欲望論』第2巻、四三九頁)

ほかならない。芸術を通して、わたしたちの世界にはこのような〝ほんとう〟の意味世界が生成されるのだ。

言うまでもないが、芸術が描き出すのは何も美しい世界ばかりではない。『罪と罰』でドストエフスキーが描いたのは、まさに罪と罰の〝ほんとう〟にほかならない。主人公が犯した罪、そのために彼が味わうことになった罰。作家が読者の前に描いてみせたのは、これこそが人間的罪と罰の〝ほんとう〟であるとわたしたちに迫る——一言で言うならば、それはわたしたちが二度と取り戻すことのできない関係性の断絶である——〝ほんとうの世界〟そのものなのだ。

逆に言えば、そのような〝ほんとうの世界〟を開示しないものを、わたしたちが「芸術」の名で呼ぶことはない。単なる技巧、単なる心地よさ、単なる模倣作品、お決まりの感動……そうしたものを、わたしたちが芸術と呼ぶことはないのだ。

もちろん、どのような作品を芸術と呼ぶかは、特権的なだれかによって決められるものではない。それは人びとの自由な批評を通して、時に長い時間をかけて合意されていくものだ。「この作品には、確かにある〝ほんとうの世界〟が表現されている」「これは単に〝ほんとうらしきもの〟の模倣にすぎない」といった、自由な批評空間の中での吟味を通して、それぞれの作品は、それが芸術の名に値するものであるかどうか評価されていくのだ。

　しかしいずれにしても、わたしたちは、ある作品を芸術だと確信する時、そこに〝ほんとう〟の意味世界の生成を必ず感じ取っている。そしてこのような芸術の本質は、恋の本質とその構造をかなりの程度共有するものなのだ。

　芸術が開示する〝ほんとうの世界〟と、恋における〝ロマンティックな憧れ〟は、わたしたち人間にとってほとんど同等の意味を持っている。芸術作品は、芸術家によって創造された、彼自身の〝ほんとうの世界〟である。そしてその〝ほんとうの世界〟は、鑑賞者にとってもまた、ありうべき、あるいはあれかしと願う〝ほんとうの世界〟として共有される。より正確に言えば、そのような仕方で普遍的に共有された時、わたしたちはそれを芸術と呼ぶ。

　一方恋は、わたしたちに、ありうべき、あるいはあれかしと願うロマンティックな〝ほんとうの世界〟を、ある別のだれかに投影することで発見させる。

　ソクラテス（＝プラトン）は、よく知られた両性具有《アンドロギュノス》の寓話を通して、恋とはおのれの「失われた半身」を見つけることであると言ったアリストファネスを次のように批判した。

　恋は、そのようなおのれの足りなさを補うような後ろ向きのものではない。そのような人間関係は、いわば単なる依存関係にすぎない。恋、それは、〝よきもの〟、〝ほんとうのもの〟へと向かう憧れにほかならない。このいわば上昇的な憧れの運動を欠いたものを、わたしたちが恋と呼ぶことはないのだと。

私の説では、エロス（恋――引用者）の追求するのは半身でもなければ全体でもない、友よ、それが少くとも同時にちょうど一種の善きものでないかぎりは。（プラトン『饗宴』一二二頁）

（恋は――引用者）狂気という。しかり、人がこの世の美を見て、真実の美を想起し、翼を生じ、翔け上ろうと欲して羽ばたきするけれども、それができずに、鳥のように上の方を眺めやって、下界のことをなおざりにするとき、狂気であるとの非難を受けるのだから。（プラトン『パイドロス』六七頁）

恋が「自己ロマンの投影」であることを、よく言い表す一節である。わたしたちは恋において、自身のロマンという〝よきもの〟、〝ほんとうのもの〟に焦がれ、そしてそこへ向かって羽ばたきする。上昇的な憧れの運動を欠いたところに、わたしたちが恋の本質を見出すことなどあり得ないのだ。

それゆえ、前に述べたように、恋が過度のルサンチマンから生まれることはない。ロマンへの憧れを、それは無惨にも捻り殺してしまうからだ。

同じように、芸術的創造を駆動するものもまた、ルサンチマンとは正反対の、憧れ、理想、ロマンが持つ肯定的な力である。その初発の動機が、たとえ世界への違和感や満たされなさであったとしても、わたしたちはだからこそ、自らのうちに憧れ、理想、ロマンの力を滾らせる。もしそれが過度のルサンチマンにまで転化してしまったなら、芸術は生まれようがないだろう。

ニーチェは次のように言っている。

> 芸術の本質はあくまで、それが生存を完成せしめ、それが完全性と充実を産みだすことにある。芸術は本質的に、生存の肯定、祝福、神化である……ペシミズム的芸術とは何を意味するのか？　それは一つの矛盾ではなかろうか？（ニーチェ『権力への意志（下）』三三七頁）

ルサンチマンが生み出すもの——捏造するもの——は、前に見たように「真の世界」である。「真の世界」は、おのれの正義を振りかざし、絶対化された基準によって人びとを断罪する。ルサンチマンは、そのような仕方によって強者に対する復讐を果たすのだ。

それに対して、芸術が創造する〝ほんとうの世界〟は、ルサンチマンが生み出す「真の世界」とは似て非なるものである。ニーチェの有名な言葉を引用しよう。

> 「善と美とは一つである」と主張するのは、哲学者の品位にふさわしからざることである。さらにそのうえ「真もまた」とつけくわえるなら、その哲学者を殴《なぐ》りとばすべきである。真理は醜い。
>
> 私たちが芸術をもっているのは、私たちが真理で台なしにならないためである。

（前掲書、三三八頁）

芸術は、絶対の「真の世界」を表現するものなどではさらさらない。そもそも、そのような真理なるものはない。絶対を騙《かた》る真理は醜い。むしろ芸術は、そのような絶対を騙る者たちに抗して、わたしたちにとっての〝ほんとうの世界〟を作り出すのだ。

〝あちら〟と〝こちら〟の一致の可能性

以上見てきたように、恋とは「自己ロマンの投影とそれへの陶酔」である。したがってそれは、端的に言ってわたしたちの幻想にほかならない。わたしの目に見えているのは、じつのところ自身のロマンに彩られた相手の姿なのだ。

夢枕に現れ出た人のことが、妙に気になり始めるということがある。そうしていつしか、ほのかな恋に落ちていたということがある。

これはまさに、恋が文字通り夢であり幻想であることの証である。〝この世ならぬ〟夢の世界に現れ出た人に、わたしたちはいとも容易く自らのロマンを投影してしまうのだ。

同じように、恋はまさにそれが幻想であるがゆえにこそ、その幻想が掻き立てられた時、いとも容易くわたしたちに訪れるものである。

「恋が生れるには、ほんの少しの希望さえあればよい」とスタンダールは言う（『恋愛論』一九頁）。〝希望〟、〝可能性〟。これは、芸術と並んで恋の媚薬と呼ぶべきものである。

テレビの向こうのスターに、わたしたちが本気で恋をすることはあまりない。それはたいてい、ただの〝遠い憧れ〟に終わるものだ。

しかし、その人と話ができたとか、視線が合ったとか、そんな小さなことで、二人の間に何らかのつながりができた時、それはあっという間に恋に変わることがある。

もちろんそれは、〝希望〟とか〝可能性〟とかいうにはあまりにはかない、あまりに他愛のないものだ。しかしそれがどれだけ小さな希望であっても、わたしたちはその媚薬に酔って、いとも簡単に恋に落ちてしまうことがあるのだ。

なぜなら恋は、本来〝あちら側〟にあるはずの自分のロマンを、この現実世界に見つけ出してしまった幻想的な喜びであるからだ。〝あちら側〟との接点が見えた時、わたしたちはまるで細い糸で釣り上げられたかのように、そこへ向かって上昇していくことになる。「運命の赤い糸」とは、わたしのロマンがわたしの目の前に吊り下げた、熱く滾る釣り糸のことにほかならない。

〝あちら〟と〝こちら〟の一致の可能性。この可能性こそが、わたしたちをロマンティックな恋の世界へと飛翔させるのだ。

こうして、ひとたびロマンがだれかに投影されたなら、わたしたちはさらに次々と、自らの幻想をそこへ貼り付けていくようになる。

よく知られているように、スタンダールはこれを恋における「結晶作用」と呼んだ。

ザルツブルクの塩坑では、冬、葉を落した木の枝を廃坑の奥深く投げこむ。二、三ヵ月して取りだして見ると、それは輝かしい結晶でおおわれている。（前掲書、一五頁）

私が結晶作用と呼ぶのは、我々の出会うあらゆることを機縁に、愛する対象が新しい美点を持っていることを発見する精神の作用である。(同、一五頁)

実際わたしたちは、恋に落ちた時、相手の美点を必要以上に見つけ出してしまうものだ。塩坑に投げ入れられた小枝に、塩の結晶がびっしりと貼りつくように、わたしたちは自分のロマンで相手を彩り、実物以上に美しい存在に仕立て上げるのだ。

しかしそれゆえに、恋はまたいつか必ず冷めることになる。身勝手にも相手に貼り付けていた自身のロマンは、やがてポロポロと、時に一息に剝がれ落ちることになる。恋に落ちた人は、だれもがやがて「こんな人だとは思わなかった」と多かれ少なかれ口にするが、それは当然のことである。わたしが見ていたのは、そもそもわたし自身のロマンだったのだから。

恋は幻想、だとしても……

さて、しかし恋が幻想であるからと言って、それは取るに足りないくだらないものであるということではまったくない。

プラトンの『パイドロス』に登場するリュシアスは、恋は幻想であるにもかかわらず、嫉妬を掻き立て、やがて冷め、そして後悔をもたらすがゆえに、恋などゆめゆめするものではないと言う。

しかしわたしたちは、ソクラテス（＝プラトン）にならって、恋はまさにその狂気のゆえにこそ、わたしたちに「この世ならぬ喜び」を味わわせてくれる「もっとも善きもの」であると言うべきである。リュシアスに抗してソクラテス（＝プラトン）は言う。

〔恋の――引用者〕狂気こそは、すべての神がかりの状態のなかで、みずから狂う者にとっても、この狂気にともにあずかる者にとっても、もっとも善きものであり、またもっとも善きものから由来するものである〔後略〕。（プラトン『パイドロス』六七頁）。

なぜか？

繰り返し述べてきたように、それは恋においてこそ、わたしたちが〝ほんとうの世界〟――プラトンはそれを「真実の美」と言う――を知りうるからだ。ありうべき、あるいはあれかしと夢想していたわたしのロマン、その〝ほんとうの世界〟が、この現実世界に存在しうることを知るからなのだ。

私の頭の上で夜を照らしているあなたはまさしく天使、――
あなたの姿は、ゆっくりと流れる雲にのり、
大空の面を翔《か》けてゆくのを仰ごうと
後じさりする人間どもの白眼がちな眼に映る、
あの翼をもった天の御使の姿と全く同じだ。（シェイクスピア『ロミオとジューリエット』七二頁）

恋に落ちた人が、相手を思わず天使にたとえてしまうのはありふれた話だ。ウェルテルも次のように言っている。

天使！　――やれ、やれ！　だれでも自分の恋する女のことをそういう。だろう？　それでも私は、彼女がいかに完全であるか、いかなれば完全であるか、を君にはいえない。あのひとが私のあらゆる感覚を捉《とら》えてしまったのだから。（ゲーテ『若きウェルテルの悩み』三一頁）

このありふれたたとえは、しかし恋が〝ほんとうの世界〟――真実の美――に触れた

「この世ならぬ喜び」であることを何よりも雄弁に教えてくれる。

ロマンとは、本来、現実世界にはあり得ない〝この世ならぬ〟もの、〝彼岸〟のものである。にもかかわらず、恋に落ちた時、わたしたちはそれがこの現実世界に具体的な姿形をもって現れ出たのを発見する。

その喜びは、日常の喜びとは次元をまったく異にする。日常の喜びは、あくまでも現実的な欲望が叶う喜びだ。それに対して恋の喜びは、本来この世にはあり得なかったはずのロマンが、何を間違ってか、この現実世界に現れてしまったことを見つけた喜びなのだ。

嫉妬

しかしそれゆえにこそ、恋はまた同時に、わたしたちの胸を「切なさ」で一杯にする。

恋が自己ロマンの投影であることを、恋に落ちた人はだれもが薄々知っている。だからこそわたしたちは、かの人が本当はどこまでも遠い人であることを思わずにはいられない。たとえその人を手に入れることができたとしても、わたしたちは意識的にも無意識的にも、この人がいつまでも自分の手の中にあるはずがないという疑いや不安に駆られてしまうのだ。

切なさだけではない。恋はその喜びにまるで反比例するかのように、わたしたちを激しい嫉妬で苦しめる。

恋の相手が、別のだれかに思いを寄せていたとするなら、あるいは、もし恋する人をだれかに奪われたなら、わたしたちは激しい憎悪的嫉妬に身を焦がさずにはいられない。

それは一般的な嫉妬とは比較にならないほど激しいものである。嫉妬の本質を解明すれば、その激しさはただちに明らかになる。

嫉妬の本質は、自身の「中心的欲望」を自分以上に満たしている（と思われる）人によって、「自己価値感情」が毀損《きそん》されることにある。もし、わたしが自分より仕事ができる人に嫉妬しているとするなら、それはその仕事がわたしの「中心的欲望」であるからだ。大して関心を持っていない仕事であれば、わたしがその人に嫉妬することはなかっただろう。

また、もしわたしがそこに「自己価値感情」の毀損を感じることがなければ、わたしたちがそれを嫉妬と呼ぶことはない。嫉妬は、単に自分の中心的欲望を満たしているだけの相手に対してではなく、その相手の存在によって「自己価値感情」が傷つけられた時に起こるものなのだ。「自己価値感情」の毀損が伴わない場合、わたしたちはそれを「嫉妬」ではなく「羨望」と呼ぶ。わたしの「中心的欲望」を叶えながらも、わたしにみじめさや憎悪を感じさせないばかりか、むしろ憧れを感じさせる人に対して抱くのは、「嫉妬」ではなく「羨望」なのだ。

嫉妬の強さは、一般的には「相手との関係性」や「自己価値自認度」「上昇志向」などによって規定される。

たとえば、相手との関係性が近いか遠いかということが、嫉妬と羨望とを分かつ一つの分水嶺になる。相手が手の届かない高みにいる場合や、歴史上の人物であったりした場合、わたしたちが彼らに嫉妬することはあまりない。それに対して、身近な人や、自分と同程度の地位にいる人に対しては、彼我のわずかな差が嫉妬の理由になる。

遠ければ憧れ、近ければ嫉妬なのだ。セネカも言う。「嫉《ねた》みは身近なものに対してのみ働く感情であって、遠く離れたものに対しては、われわれは素直に賛嘆の念を抱《いだ》ける」（『生の短さについて』五二頁）。

相手が自分をどのように認識しているかということによっても、わたしたちの嫉妬の強度は変化する。

もし、相手がわたしのことを認めていたなら、わたしの嫉妬心は「刺激的嫉妬」とでも呼ぶべきものになるだろう。わたしはその嫉妬を糧に、自らを成長させようと思うことができる。それに対して、相手の眼中に自分が入っていなかったり、あるいは見下されたりしている場合、それは「憎悪的嫉妬」になる。

さらにまた、たとえば「自己価値自認度」が低く、しかし「上昇志向」が強い場合、わたしたちは「憎悪的嫉妬」を抱きやすくなるだろう。それに対して、自己価値自認度が高く、上昇志向もまずまず強い人は、「刺激的嫉妬」を抱きやすい。

さて、しかし激しい恋における嫉妬の場合は、この一般傾向があまり当てはまらないように思われる。

もちろん、恋においても、嫉妬の本質は自身の「中心的欲望」を自分以上に満たしている人によって「自己価値感情」が毀損されることにある。恋する人の心や体を手に入れた者に対して、わたしは激しい憎しみや許しがたさに襲われ、自身の価値が著しく損なわれたような惨めさにさいなまれる。

しかしその強度は、相手との関係性や、自己価値自認度、および上昇志向と、一般的な嫉妬に比べればそれほど比例しないように思われる。より正確に言うと、これら三つの項の度合いがどうであれ、わたしのロマンそのものであった恋の相手が奪われた時、わたしたちは否応なく「憎悪的嫉妬」に浸されてしまう。前に、「憎悪」とは〝このわたし〟の「執着」を傷つけ破壊するものに対する攻撃欲望であると述べたが、恋の相手、すなわち〝このわたし〟が「執着」するロマンを奪った者に対してわたしが抱くのは、激しい憎悪を伴った嫉妬であらざるを得ないのだ。

たとえそれが、わたしが心から尊敬する人であったとしても、わたしは彼を許すことができない。どれだけわたしの「自己価値自認度」や「上昇志向」が高かろうが、わたしはおのれの惨めさを自分に隠すことができないのだ。

恋とエロティシズム

以上、繰り返し述べてきたように、恋の本質は「自己ロマンの投影とそれへの陶酔」である。このロマンティックな憧れへの陶酔のゆえに、わたしたちは「この世ならぬ喜び」だけでなく、それに反比例するかのように、激しい切なさや不安や嫉妬を味わう。この切なさや不安や嫉妬は、一般的なそれらに比べて、特異な強度を持つものである。

さて、しかし特異性と言うならば、恋におけるエロティシズムのありようは、さらに特異な本質を持つものである。

わたしたちは、恋の相手に必ず何らかの「美」を感じ取っている。美貌は言うまでもなく、才能、気品、精神性等において、わたしたちは恋人のさまざまな美質を味わう。

しかしここにおける「美」の本質は、エロティシズムにおいて侵犯される「美」とは異なったものである。

エロティシズムにおける「美」は、禁止されているがゆえに「美」としての価値を持つものだった。かすかに覗く襟足、湯上がり姿、あるいはまた、他人のもの……。

それに対して、恋人の「美」はわたしの〝ロマンティックな憧れ〟にほかならない。つまりわたしは、恋においては相手の「美」を〝侵犯する〟のではなく〝仰ぎ見る〟のだ。

本来、エロティシズムと恋とはいくらか相反するものである。片や禁止を〝侵犯する〟欲望であり、片や美を〝仰ぎ見る〟欲望である。

にもかかわらず、恋はいつかエロティシズムと奇妙な仕方で結びつくことになる。恋の相手を、わたしは精神的にだけでなく肉体的にも、すなわちエロティックな仕方で〝わがもの〟にしたいと願う。

しかしここにおけるエロティシズムは、もはや単に禁止を侵犯する欲望ではない。恋愛において、エロティシズムはその本来の欲望をいくらか去勢されてしまうのだ。禁止を侵犯する欲望ではなく、自身のロマンと文字通り身も心も〝一つになる〟ことで、わたしとロマンとの合一を此岸において叶えさせる欲望へと変貌してしまうのだ。

もっとも、これはおそらくはより男性的な一般傾向である。

男性は、その一般傾向として、恋とエロティシズムとを完全に分離することができる。それが恋の相手でなくとも、男性は激しいエロティシズムを掻き立てられることがある。その逆に、特に思春期の少年は、先述したように恋の相手にそれほど性的欲望を感じないことがある。

それゆえ男性にとって、禁止の侵犯ではない仕方でエロティシズムを味わうことは、時に新鮮な驚くべき経験になる。恋心が強ければ強いほど、わたしのエロティシズムは、彼女（彼）の〝禁止された美〟を侵犯したいという欲望からは遠ざかる。むしろわたしは、エロティシズムを通して、身も心も一つになってロマンの世界へと飛翔することを願うのだ。

それに対して、女性は恋とエロティシズムとが完全には分離されにくい一般傾向がある。女性にとっては、恋の相手がそのままエロティシズムを掻き立てられる相手であり、エロティシズムを掻き立てられる相手がそのまま恋の相手になるということがしばしば起こる。心理学・社会学者のフランチェスコ・アルベローニによれば、「女は、さまざまな感情が男の場合ほど分離していない。やさしさや甘さは、エロティシズムと隣りあっていて、お互いの領域にうまく浸透しあっている。〔中略〕女は性的陶酔と恋愛とを混同しやすい」（『エロティシズム』三〇頁）。

もちろん、これもまた、わたしたちは男女差として以上に個人差として考える必要がある。しかしその上で、この男女差が一定の妥当性を持つとするならば、その理由は、前章で見た女性的エロティシズムの一般傾向から説明することができるようにわたしには思われる。

女性的エロティシズムの一般傾向は、「求められることへのナルシスティックな欲望」にある。しかしそれは、多くの場合、だれから求められてもいいというわけではおそらくない。禁止の侵犯を感じるほどに「求められることへのナルシスティックな欲望」を掻き立ててくれる男（女）は、それに値する相手でなければならないのだ。

とすれば、女性にとってのエロティシズムの対象は、多くの場合、単なる性的魅力を備えているだけでなく、地位や才能等、さまざまな点においてすでに一定の条件をクリアしている必要がある。それはつまり、恋の相手としても十分に可能性を持った相手であるということだ。

男性のエロティシズムの場合、その一般傾向は相手の美を〝味わう〟ことにあるから、エロティシズムにとって必要なのはいくらかの「美」のみである。その意味で、男性にとってエロティシズムの対象は比較的容易に見つけることができるものだ。

しかし女性にとって、禁止の侵犯を感じるほどに「求められることへのナルシスティックな欲望」を掻き立てられるには、いくらかの条件がある。それゆえ、その条件を満たした相手は——もちろんこの点も個人差は大きいだろうが——すでに恋の候補でもありうるということになる。

こうして、女性においては、恋のロマンとエロティシズムとがはじめから融合しやすい傾向がある。

しかしその上で、わたしたちは次のように言うべきである。それが男性におけるものであれ女性におけるものであれ、もしもそれを恋と呼ぶことができるのならば、そこには必ず「自己ロマンの投影とそれへの陶酔」がある、と。そしてそこにおけるエロティシズムは、禁止を侵犯する欲望である以上に、そのロマンとの合一を求める上昇的な欲望へと転じることになるのだと。

2　恋愛

「わたしはひとり。でもあなたとふたりでいるのだと」

先述したように、「恋」と「恋愛」はいくらかそのニュアンスを異にする概念である。「愛」の本質を解明する本書において、わたしたちがさらに考察を深めなければならないのは、この「恋愛」の本質である。

繰り返し述べてきたように、「恋愛」は「恋」よりもいくらか〝理念性〟を帯びた概念である。わたしたちは、恋に落ちるとは言うが恋愛に落ちるとは言わない。「ロマンティック・ラブ」においても、「アイ・ライク・ユー」から「アイ・ラブ・ユー」までには大きな隔たりがある。

もちろん、両者はまったくの別物というわけではない。日常生活において、わたしたちがこれら二つを取り立てて区別することはあまりない。しかしそれでもなお、改めて吟味してみると、「恋」と「恋愛」との間にはやはりある質的な違いがあるはずだ。

これまでの考察が正しければ、その違いの本質は、まさに「愛」の〝理念性〟、すなわち、「合一感情」と「分離的尊重」の弁証法、そして理念的な「歴史的関係性」にある。恋が「自己ロマンの投影とそれへの陶酔」であるのに対して、「恋愛」は、その同じ本質を核としながらも、それが「愛」の〝理念性〟へと高められた概念なのだ。

以下ではそのことを確かめていこう。

ゲーテは、その『西東詩集』で「銀杏《いちよう》」と題した次のような「恋愛」の歌を詠んでいる。

東の国からはるばると
わたしの庭にうつされたこの銀杏の葉には
心あるひとをよろこばす

ひそかな意味がかくれています。

もともとこれは一枚の葉が
二つに分かれたものでしょうか。
それとも二枚がむすぼれ合って
ひとつに見えるものなのでしょうか。

この問いに答えようとして
わたしはほんとうの意味がわかりました。
わたしの歌を読むたびにお感じになりませんか
わたしはひとり　でもあなたとふたりでいるのだと。（小塩節訳）

「わたしはひとり　でもあなたとふたりでいるのだと」。この短い一節に、わたしたちは「恋愛」の本質が凝縮されているのを見る。

ここに見られるのは、銀杏のイメージで描き出された、まさに「合一」と「分離」の弁証法である。「恋愛」において、わたしたちは、相手が自分とは分離した存在でありながら、しかも同時にわたしに合一された存在であることを知るのだ。

このような弁証法的感情は、「恋」においてはおそらくまだあまり見られないものである。恋は自己ロマンの投影とそれへの陶酔であり、その憧れに巡り会えたことへの驚き、喜び、そして切なさにほかならない。それはきわめて一方的な感情であって、それゆえ「愛」の名で呼べるような契機はまだほとんど生まれていない。

しかしそれが「恋愛」の名で呼ばれるようになった時、わたしたちは、そこにいつしか「愛」の本質が通奏低音として鳴り響いていることを知る。わたしとあなたは二人で一つ。しかしその上でなお、わたしはあなたをあなた自身として慈《いつく》しむ。恋が一方的な感情であるのに対して、わたしたちは「恋愛」において、「合一」と「分離」の弁証法という理念的情念を相互の関係性において感じ取るのだ。「恋愛」において、わたしたちは恋がそのような仕方で育て上げられているのを感じ取るのだ。

ここに、「恋愛」が「愛」の名で呼ばれる不思議を解く鍵がある。

ただ一言で「愛」と名指される最も代表的な愛の一つは、おそらく次章でも論じる親の子に対する愛である。しかしこの「愛」と「恋愛」とでは、イメージされるものがあまりに違う。片や慈しみに満ちたいわば絶対の愛であり、片やおのれのロマンへの憧れである。

にもかかわらず、わたしたちはどちらも「愛」の名で呼ぶ。考えてみれば、これはとても奇妙なことである。

が、その謎を解くことにもはや困難はない。

それは、「恋愛」もまた「合一感情」と「分離的尊重」の弁証法をその通奏低音として響かせているからだ。「自己ロマンの投影」という「恋」の本質の奥底で、「愛」の本質もまた野太く鳴り響いているからなのだ。

一方、理念的な「歴史的関係性」もまた、わたしたちは「恋愛」の重要な本質契機として見出すことができる。前に言ったように、この「歴史性」は客観的な時間の長さを意味しない。わたしたちは一目で恋に落ちることがあるが、それからほどなくして、「わたしはひとり　でもあなたとふたりでいるのだ」という確信に打たれたとするならば、わたしはそれを「恋愛」の名で呼ぶことを躊躇《ためら》わない。二人で過ごした時間の長さがどうであれ、かの人との間の「歴史的関係性」を、わたしはすでに感じ取っているからだ。

このように、わたしたちが「恋愛」においてあっという間に「歴史的関係性」を味わうことができるのは、恋が「自己ロマンの投影」であることを考えれば何ら不思議なことではない。恋の相手は、長い間わたしのロマンであり続けた人なのだ。だからわたしたちは、そこにわたし自身のロマンとの「歴史的関係性」を容易に感じ取る。ほんの数日前に出会ったこの人は、しかし長い間、わたし自身のロマンであり続けた人なのだ。そしてそのような「歴史的関係性」のゆえに、わたしはそれを、「恋」である以上に「恋愛」の名で呼び表すことができるのだ。

少年愛

先述したように、古代ギリシアにおける恋愛は、もっぱら少年愛、すなわち壮年男性と思春期の青年との間の恋愛を意味していた。その理由はこれまでさまざまに語られてきたが、「自己ロマンの投影とそれへの陶酔」という恋の本質、そして「合一感情」と「分離的尊重」の弁証法という「愛」の本質が理解されたなら、これもさして謎めいたことではなくなるようにわたしには思われる。

少年愛について、プラトンは次のように言っている。

肉体の上に旺盛な生産慾を持つ者はむしろ婦人に向う、そうしてその恋愛の仕方はこういう風なのです。すなわちこういう人達は子を拵えることによって、不死や思い出や幸福やを、その信ずるところでは、「未来永劫に自分に確保しようとする。」ところが、心霊に生産慾を持つものは〔中略〕、(知や徳を——引用者)その中に生産するこ

とのできるような美しき者を求めるのです。（プラトン『饗宴』一二九頁）

肉体的エロティシズムは異性愛に向かう。他方、精神的ロマンの力を宿す者は少年愛へと向かう。プラトンはそう言うのだが、ここには、恋や恋愛が単なるエロティシズムとは異質のものであることがよく表現されている。

恋は「自己ロマンの投影」である。それゆえ多くの場合、そこには何かしら〝精神的なもの〟への希求がある。わたしたちが、そのロマンにおいて〝精神的な高貴さ〟を求めれば求めるほど、恋の相手には単なる肉体的な美しさだけでなく精神的・人格的な美しさを求めるようになるのだ。

精神的な美質を欠いた、ただ外貌が美しいだけの人への欲望は、それを侵犯する仕方で味わいたいという肉体的エロティシズムに容易に堕してしまうことになる。それに対して、精神的な美しさはわたしたちのロマンをよりいっそう掻き立てる。精神的なものへの憧れが強ければ強いほど、わたしたちは、それを体現しうる可能性を持った相手に強く心惹かれることになるのだ。

プラトンは四〇歳の時、当時二〇歳だったシュラクサイの王子ディオンと恋に落ちた。ディオンは、肉体の美しさは言うにおよばず、その高貴な生まれにふさわしい徳と知性を備えた青年だった。

ディオンの知性のうちに、プラトンはおのれのロマンを見出したに違いない。精神の交わりを可能にする、美しき恋人の姿を見たに違いない。

しかし彼は、そのロマンにただ耽溺したわけではない。古代ギリシアにおける少年愛の理想に従って、プラトンはディオンを教育した。ディオンの魂を、彼はいっそう高貴なものへと高めることを望んだのだ。

『饗宴』においてプラトンは言う。


このような人に対しては徳のことや、有徳者がどういう者であり、また何を業とすべきかなどについてただちに滔々たる弁舌を浴せて、これを教育しようとするでしょう。〔中略〕その結果こういう人々は、肉身の子供がある場合よりもはるかに親密な共同の念とはるかに鞏固な友情とによって互いに結びつけられる、その共有するものがいっそう美しくていっそう不死な子供なのですから。（前掲書、一三〇頁）

ここに、ギリシアの少年愛が、恋というよりはむしろ「恋愛」と呼ばれるにふさわしい所以がある。

プラトンは、ディオンのうちにただおのれのロマンのみを見出したわけではない。もしそれがただの「恋」であったなら、ディオンを教育しようなどとは思わなかったに違いない。彼はただ、おのれのロマンに一方的に陶酔していればよかった。

ディオンに対するプラトンの教育的営為は、「恋愛」における「合一」と「分離」の弁証法の古代ギリシア的表現である。

プラトンが言うように、恋人たちは、一方による他方の教育を通して「肉身の子供がある場合よりもはるかに親密な共同の念とはるかに鞏固な友情とによって互いに結びつけられる」。これは強力な「合一化」の運動である。

しかしその一方で、教育という営みは、それ自体がすでに「分離的尊重」を含み込むものである。そもそも教育とは、「分離的尊重」なくしては成り立たない行為なのである。相手を自分の思いのままに形作るのであれば、それは教育ではなく調教である。

一方的な「自己ロマンの投影」において、わたしたちが相手を教育する必要などはない。激しい恋において、わたしたちはそのような欲望を持つこともない。かの人は、すでにわたしの〝ロマン〟それ自体であるからだ。

それがほのかな恋の予感であった場合であれば、わたしが相手を教育する欲望を抱くことはあるかもしれない。しかしそれは、やはり正確には調教の欲望である。わたしのロマンに、相手をより近づけようとする欲望である。いずれにしても、恋において「分離的尊重」はいまだ十分には見られない。

他方、古代ギリシアにおける少年愛には、高度な「分離的尊重」がある。そこには、相手を自分のロマンへと単に回収するのではなく、かの少年の成長それ自体を願う欲望があるのだ。

もちろんわたしは、恋愛においては両者の間に必ずこのような教育関係があるなどと言いたいわけではない。現代においては、そのような恋愛関係などむしろ稀《まれ》なことだろう。

重要なのは、「恋愛」が恋における「自己ロマンの投影とそれへの陶酔」を核としながらも、「合一感情」と「分離的尊重」の弁証法へと育て上げられた理念的情念であるということである。現代であれば、その「分離的尊重」は相手への思いやりとか献身とかいった言葉で言い表されるかもしれないが、ギリシアの少年愛は、それを教育という仕方で表現していたというにすぎない。ギリシアの少年愛が現代のわたしたちにとって馴染みにくいのは、まさにこの「合一感情」と「分離的尊重」の弁証法が、独自の仕方で表現されているからにほかならない。

しかしそれにしても、古代ギリシアにおける恋愛はなぜ少年愛でなければならなかったのだろう？　なぜ、異性愛はより低いエロースとして蔑視されねばならなかったのか？

それはおそらく、女性蔑視の傾向が強かった当時においては、精神的・知的ロマンを投影できる女性がほとんど存在し得なかったからだろう。それゆえ身分の高い男性たちは、その対象を知的な美少年たちのうちに求めたのに違いない。スザンヌ・リラールも次のように言っている。

男は、本来は女嫌いでないのだが、水準の高いエロティシズムを求めるので、その水準に女がついてこれないと、女から離れてゆくことになるのだというわけである。〔中略〕ギリシャの同性愛で印象的な点は、それを行なった人たちの質である。もちろんギリシャ人全部が少年愛者だったわけではないが（とんでもない！）、エリートたちは間違いなくそうだった。（リラール『愛の思想』八一～八二頁）

古代ギリシアで少年愛が広まったのは、エリート男性たちが、少年たちのまだ咲ききらぬ可能性に満ちた精神的美しさに自身のロマンを見たからなのだ。そして少年たちもまた、相手が精神的に高貴であればあるほど、その美しさに魅せられた。

青年メノンはソクラテスを〝シビレエイ〟に譬《たと》えたが、アルキビアデスによる師のソクラテス讃美もまた、常軌を逸するほどである。「古人のうちにも、今人の中にも、彼に似た人間は全然無いということ、この一事こそはあらゆる驚嘆に値する」（『饗宴』一五七頁）。

ソクラテスは決して美貌の人ではなかったが、その知的・精神的高貴さによって、多くの少年たちを魅了したのだ。

自己愛

以上、わたしたちは、あらゆる「愛」の通奏低音に、「合一感情」と「分離的尊重」の弁証法という根本本質、そして理念的な「歴史的関係性」という本質契機を見出せることを示してきた。友愛であれ性愛であれ恋愛であれ、それぞれの愛は、これらの本質を通奏低音にして、それぞれ独自の音色を響かせるのだ。

あるいはこうも言える。友情やエロティシズムや恋は、それが「合一感情」と「分離的尊重」の弁証法という「愛」の本質へと育て上げられた時、それぞれ「友愛」「性愛」「恋愛」と呼ばれることになるのだと。

このことを、わたしたちはあらゆる「愛」において確かめることができる。以下で少し検証してみよう。

たとえば、「自己愛」。このいくらか特殊な「愛」の場合はどうだろう？

これを特殊と言うのは、一般的な「愛」が他者へ向かうものであるのに対して、「自己愛」が向かうのが文字通り自分自身であるからだ。

このような特殊な「愛」であっても、「合一感情」と「分離的尊重」の弁証法はその本質をなしていると言えるだろうか？

おそらく、言える。

「自己愛」は、これを「愛」の名で呼ぶ限りにおいて、単なるナルシシズムとは区別されるべき概念である。

ナルシシズムは、「自己愛」と言うよりはむしろ過剰な自己価値執着と言うべきものである。もちろん、自己愛に包摂されるような健全なナルシシズムもあるには違いない。しかし最終章でも見るように、ナルシシズムは多くの場合、また極端に言えば、むしろその挫折によって強化された自己執着なのだ。「だれもわたしを愛してくれない。しかしわたしは、だからこそ、そんなわたしを過剰に愛する……」。これが、自己の価値への、いわば過剰な執着としてのナルシシズムである。

それに対して「自己愛」の人は、一方において必ず自分自身と折り合っている（合一している）。「わたしはわたしである」ことを、「自己愛」の人は確信している。自分を愛せる人間は、どこか別のところに自分を求めるようなことはしないし、自己の能力以上に自分を見積もることもない。自己の価値に必要以上に執着することもない。ニーチェが言うように、「しっかり**自分の**尻ですわり、勇敢に自分の足で立っていないと、愛することなど**できない**」のだ。

しかし他方において、自己を愛するわたしは、わたし自身をただほしいままに扱うわけではない。自己を愛する人は、必ずおのれを配慮する人でもある。おのれ自身と折り合い、しかもまた、そんなおのれを自らの恣意から切り離し尊重する。これもまた、「合一」と「分離」の弁証法の、やや特殊ではあるが一つのあり方と言えるだろう。

「合一感情」と「分離的尊重」の弁証法。すべての「愛」は、この理念的な根本本質を通奏低音とする。逆に言えば、この根本本質を欠いた情念を、わたしたちが「愛」の名で呼ぶことはないのだ。

第四章　真の愛

1　キリスト教の愛

カリタスとアガペー

〝真の愛〟。最後に明らかにすべきは、わたしたちが一般にそう呼んでいるものの本質である。

前に言ったように、愛はその〝理念性〟のゆえに、高い―低いという審級が必ずつきまとう概念である。より高い、完全な愛。あるいは、より低い、不完全な愛。〝真の愛〟は、この審級において最も価値の高い愛としてイメージされているものである。

と言っても、それは「神の愛」のイメージで語られるような、ある絶対の愛を意味するわけではない。神の「与える愛」（アガペー）や、世界の絶対調和としての愛は、わたしたちの理性によって推論された、あるいは信仰によって思い描かれた、どこにも存在しない理想理念であるからだ。

愛は、その概念自体がきわめて理念性の高い概念であるがゆえに、このような絶対的な愛の「本体」とも言うべきイメージをわたしたちに与える。真、善、美のような、同じく理念性の高い概念が、絶対の真、絶対の善、絶対の美なるものの実体をわたしたちに思い描かせるように、愛もまた、この世のどこかに――あるいはこの世を超えたどこかに――その絶対の「本体」があるかのように錯覚させるのだ。

キリスト教における愛の思想の歴史は、この絶対の愛の「本体」を、どのように理解するかの歴史だった。〝真の愛〟の本質観取をする前に、まずはこのキリスト教における「愛」の概念をざっと見ておこう。

マルティン・ルター以降、プロテスタンティズムにおいて、それは絶対的な神の「与える愛」（アガペー）として定着した。しかしそれ以前にも、またそれ以後にも、キリスト教における「愛」の概念がつねにその内部で論争の的であり続けたのは、わたしの考えでは、このアガペーが、本来どこにも存在しない愛の理想理念（本体）であったからにほかならない。キリスト教の神学者や、その影響を色濃く受けたヨーロッパの哲学者たちは、わたしたちの内的な体験から愛の本質を洞察するのではなく、ある理想の「愛」を思い描き、それをさまざまな仕方で表現してきたのだ。

たとえば、古代キリスト教神学の最高権威、アウグスティヌスが論じたのは、後のルターにおけるアガペーとは著しく異なった「カリタス」としての愛である。

カリタスとは、一言で言えば「神への愛」のこと。アウグスティヌスは言う。わたしたちは、もし真に幸福になりたいのであれば、地上のものではなくただ神を愛するのでなければならない。地上のものへの愛――富への愛、名誉への愛、また性的な愛など――は、たとえそれを手に入れることができたとしても、その喜びは一時のものであり、また見せかけのものであるにすぎないからだ。

この地上のものへの愛を、アウグスティヌスは「クピディタス」と呼び、「カリタス」とは厳密に区別した。アウグスティヌスによれば、「カリタス」のみが正しい愛なのだ。しかし、クピディタスもカリタスも「求める愛」であることに変わりはない。両者の違いは、ただその対象だけにある。要するにアウグスティヌスは、後のルターやプロテスタンティズムの観点からすれば「神の愛」であるべきはずのアガペーを、「神への愛」として描き出し、「与える愛」としてのアガペーと「求める愛」としてのエロースとを、奇妙な形で融合してしまったのだ。もっとも、融合とは言っても、ここで犠牲にされているのがアガペーであることは言うまでもない。アウグスティヌスのカリタスは、結局のところ神の「与える愛」ではなく、わたし自身の幸福のために「神を求める愛」なのだ。

義務としての愛

他方、アガペーの概念は、先述の通りルターによって完成した。プロテスタンティズムにおける愛は、求める愛としてのエロースでも、神への愛としてのカリタスでもなく、神の絶対的な与える愛、すなわちアガペーである。それは一切の自己中心性を否定する。そしてわたしたちもまた、そのような愛をもって隣人に仕えなければならないとされる。

ルターは言う。隣人への愛において、あなたは自身が「祝福されることを要求しないように常に注意しなければならない」と（『キリスト者の自由・聖書への序言』四六頁）。愛は、一切の見返りを求めない絶対的な「与える愛」でなければならないのだ。

しかし、愛が絶対的な「与える愛」でなければならないとするならば、それは行き着くところ〝真の愛〟から最も遠く隔たったものになってしまいはしないだろうか？　実現がきわめて困難な「絶対の愛」が要請される限り、それは自発的な感情ではなく、いわば強いられたものへと変貌してしまうだろうからだ。

事実、プロテスタンティズムは、「愛」を理念的情念である以上に神に命じられた「義務」とする。

「愛は決して滅びない」（「コリントの信徒への手紙一」13：8）と聖書は言う。しかしそんなことは可能だろうか？　情念は移ろう。愛とてそれは例外ではない。

ではどうすれば、愛は絶対で永遠のものでありうるのだろう？　キリスト者は、どうすれば永遠の「与える愛」を手に入れることができるのか？

答えは一つしかない。

愛が「義務」であることによってのみ。
キルケゴールは次のように言う。

愛が義務であるときにのみ、ただそのときにのみ、愛は永遠に保証されている。（キルケゴール『愛のわざ（第一部）』五九頁）

しかし聖書は、「自分を愛するようにあなたの隣り人を愛せよ」（「マタイによる福音書」22：39）とも言っているではないか。自分への愛を、聖書は決して否定していない。このことを、キリスト者はどう捉えればよいのか？
キルケゴールは言う。

誡《いまし》めは「自分を愛するようにあなたの隣り人を愛せよ」と語っているのであるが、正しく理解するならば、それはこれと全く逆のこと、すなわち「正しい仕方で自分自身を愛せよ」ということをも語っているのである。（前掲書、四一頁）

キリスト教における「自分を愛する」とは、自分を自己中心的に愛するのではなく、

「正しい仕方」で、すなわち、あくまでも神の愛に倣う「義務」として愛するということなのだ。

しかしそれは、愛の本質を真に捉えた思想と言えるだろうか？　愛は本当に、絶対的な与える愛であり、それゆえ神に命じられた「義務」であると言うべきだろうか？

キリスト教が、わたしたちの目を崇高な「愛」に向けさせたその歴史的意義については、どれだけ評価してもしすぎることはない。キリスト教がなければ、わたしたちは「愛」を、人間にとってこれほどまでに重要な価値と考えることはなかったかもしれない。

しかしまた同時に、そのあまりにも理想理念化された「愛」の思想のゆえに、西洋哲学の歴史において、〝真の愛〟はその本質が十分に明らかにされることはなかったように思われる。キリスト教の強い影響下にあった多くの西洋の哲学者たちは、その理想理念化された愛の思想の呪縛から、十分に自由になることはできなかったのだ。

繰り返し言ってきたように、愛の本質を明らかにするためには、わたしたちは自身の体験を内省し、それを普遍性へと投げかけ、共通了解可能な仕方で言葉にしていくほかにない。

その時わたしたちは、キルケゴールが言うように、「愛」を神に命じられた「義務」と言うことができるだろうか？

　不治の病に冒された子どものために、献身的に世話をする母の姿に、溺れるわが子を、命を賭けて救った父の姿に、あるいはまた、情熱恋愛の果てに育まれた、二人の関係性のうちに……わたしたちは、「これこそが〝真の愛〟である」と言わずにいられないような愛を見る。

　それは「義務」としてなされたことだったのか？

　いや、それは決して、「義務」でもなければ、「神の愛」のような現実離れしたものでもない。しかしそれでもなお、わたしたちはそれを〝真の愛〟と呼ぶ。目の前のこの現実的な愛のうちに、わたしたちは確かに〝真の愛〟を見出すのだ。

　それはいったい、なぜなのか？　わたしたちは、いったいどのような条件において、それを〝真の愛〟と呼ぶのだろうか？

　愛の理想理念に惑わされることなく、わたしたちは、この現実世界にある〝真の愛〟の本質を明らかにしなければならない。

2　「存在意味の合一」と「絶対分離的尊重」の弁証法

親の子への愛

はじめての子どもを授かり、その子が生まれた瞬間に立ち会った時、多くの親たちがそうであるように、わたしもまた、それまでに想像したことさえなかった感覚を味わった。

「自分はこの子を愛している」

いささかの疑いもなく、そう思った。臍《へそ》の緒を切断し、肌を合わせて子どもを抱いた時、それまでに味わったことのない幸福に満たされた。

しかし「愛」には「歴史的関係性」が不可欠なのではなかったか？　にもかかわらず、わたしはなぜ、未だ何の関係性も築かれていない生まれたばかりのわが子に、まぎれもない「愛」を感じたのだろう？

出産の時、母親だけでなく、それを見ている父親の脳からも、愛の化学物質とも呼ばれるオキシトシンが分泌されるという。とすれば、わたしが感じたあの「愛」は、純粋に生物学的な理由によったのだろうか？　わたしはただ、出産の光景に反応したわたしの脳によって「愛」を感じさせられただけだったのだろうか？

科学的には、そのような説明がなされるかもしれない。しかし前に述べたように、このような（仮説としての）科学的説明は、このわたしの「愛」の〝意味〟を少しも教えてはくれない。それが生物学的にプログラムされたオキシトシンの分泌という現象であったのであれ何であれ、あの時わたしが「この子を愛している」と確かに感じたのだとするなら、そこにあった意味の本質はいったい何なのか？　わたしはどのような意味において、それを「愛」と呼ぶことができたのだろう？

「合一」と「分離」の弁証法？　そのような意味を、わたしは感じていただろうか？

「歴史的関係性」？　しかしわたしは、この子とどのような関係性も未だ築いてはいなかったではないか。

未来の歴史

あの時、わたしは次のようなことを考えずにはいられなかった。

もしこの子が〝わたしの子〟ではなかったとして、それでもなお、わたしはこれほどの「愛」を感じただろうか、と。

この子はわたしの遺伝子を受け継いだ子。そのような意識や感慨は、当時のわたしにはほとんどなかった。極端に言えば、わたしには、この目の前の子がわたしの本当の子どもではなかったとしても、同じように愛せるという確信があった。この胸に眠る、寄る辺ない存在。この子のためになら、何でもできるように思われた。

あれはいったい、何だったのだろう？

あの時、わたしはやはり、理念的な「歴史的関係性」と呼ぶほかないものを確かに感じ取っていた。それは決して、遺伝子の共有などという意味での「歴史的関係性」ではない。これまで何億年もの命のリレーを続けてきた、悠久の歴史性。頭ではそのようなことも考えはしたかもしれないが、しかしわたしがこの胸にありありと感じたのは、そのような生命の歴史のようなものでは決してなかった。

むしろわたしが感じていたのは、未来へ向けての「歴史的関係性」である。繰り返し述べてきたように、愛における「歴史的関係性」は、客観的な時間の長さを意味しない。この寄る辺ない存在、今妻とわたしがいなくなれば、きっと生きてはいけないであろうこの子の未来に、わたしが関わっているということ。わが子への「愛」において、わたしはそのような未来へ向けての「歴史的関係性」を確かに感じ取っていた。過去ではなく〝未来の歴史〟において、わたしはこの子を愛していたのだ。

誤解のないよう付け加えておくと、わたしはこの子が寄る辺ない存在であるがゆえに愛したわけではない。確かに、わたしはその外界に対する無防備な弱さのゆえに、この子の〝未来の歴史〟を守らねばという思いを強くした。しかし、二人目の子どもが生まれた時にわたしを打った「愛」は、それとはまた少し違ったところからやって来た。わたしは、寄る辺なさと言うよりは、むしろわが子のたくましい生命力を感じ取りつつ、確かな

「愛」に浸されたのだ。

それはあるいは、二人目の子を余裕を持って迎え入れることができた、わたし自身の感じ方のためだったのかもしれない。彼女自身の、持って生まれた個性のゆえだったのかもしれない。しかしいずれにしても、わたしはその時、わが子を愛し始めるのは、必ずしもその寄る辺なさのゆえではなく、この子を抱きかかえた時に胸に去来せずにはいられない、〝未来の歴史〟との関わりのゆえであるという思いを強くしたのだった。

もちろん、月日を重ねるごとに、わたしはこの子との間に築かれた〝過去の歴史〟においてますます「愛」を深めることになる。しかしその時にも、わたしは〝未来の歴史〟との関係性、そしてそれへの責任や配慮を失うことはない。「愛」において、わたしは過去からこの先の未来へと続く、きわめて長い歴史性を感じ取るのだ。もしあの時、わたしが自分の余命がいくばくもないことを知っていたとしても、あるいは、そう長くこの子と時を過ごせるわけではないと知っていたとしても、わたしはきっと、この子との間に未来へ向けての「歴史的関係性」を感じ取ったに違いない。

これは、わが子だけでなく、恋人同士の愛、夫婦間の愛、あるいは友愛等においても、それが〝真の愛〟と言いうる限りにおいておそらく共通の本質である。わたしは、かの人との間に築き上げてきた〝過去の歴史性〟において愛を育む。しかし同時に、わたしはこの人の〝未来の歴史〟との関係性を必ず感じ取っている。〝未来の歴史〟への配慮や責任を、〝真の愛〟においてわたしは必ず感じ取っているはずなのだ。

たとえ相手が失われてしまったとしても

第二章でも述べたように、愛における「合一感情」と「分離的尊重」の弁証法は、このような〝真の愛〟においては「存在意味の合一」と「絶対分離的尊重」の弁証法と呼ばれるべきである。

「存在意味の合一」。それは、恋人であれわが子であれ友であれ、わたしが〝真の愛〟を感じているとするならば、そこには必ず、相手の存在によってわたしの存在意味が充溢するとする確信、相手が存在しなければ、わたしの存在意味もまた十全たり得ないとする確信があるということだ。

もっとも、このような「合一感情」は、激しい恋においても起こるものである。あなたなしには生きられない。これは、激しい恋に身を焦がす者の決まり言葉である。

しかし〝真の愛〟の場合、ここで言う「存在」の意味が、恋におけるそれとは大きく異なっている。

恋の相手は、必ず姿形をもって現実に存在しているのでなければならない。なぜなら、恋とはそもそも、自分のロマンをこの現実世界に見つけ出した喜びであるからだ。だから、もしもわたしが相手と二度と会えなくなってしまったなら、恋もまたいつかは消えてしまうに違いない。

しかし〝真の愛〟は違う。もしそれが〝真の愛〟と呼びうるものであったなら、わたしたちは、たとえ相手がこの世から失われてしまったとしても、なお愛し続けることができる。少なくとも、わたしたちはそのような確信を持つ。〝真の愛〟における「存在意味の合一」の「存在」とは、具体的な姿形を持った相手の存在と言うよりも、いわばわたしたちの中に深く刻まれた――きわめて高い理念性を持った――存在なのだ。

このことについて、V・E・フランクルの興味深い証言がある。ナチスの強制収容所における生活を描いた『夜と霧』で、彼は次のような〝発見〟をしたと言う。

> そのとき、あることに思い至った。妻がまだ生きているかどうか、まったくわからないではないか！
>
> そしてわたしは知り、学んだのだ。愛は生身《なまみ》の人間の存在とはほとんど関係なく、愛する妻の精神的な存在、つまり（哲学者のいう）「本質《ゾーザイン》」に深くかかわっている、ということを。愛する妻の「現存《ダーザイン》」、わたしとともにあること、肉体が存在する

こと、生きてあることとは、まったく問題の外なのだ。愛する妻がまだ生きているのか、あるいはもう生きてはいないのか、まるでわからなかった。知るすべがなかった(収容生活をとおして、手紙は書くことも受け取ることもできなかった)。だが、そんなことはこの瞬間、なぜかどうでもよかった。愛する妻が生きているのか死んでいるのかは、わからなくてもまったくどうでもいい。それはいっこうに、わたしの愛の、愛する妻への思いの、愛する妻の姿を心のなかに見つめることの妨げにはならなかった。(フランクル『夜と霧』六二～六三頁)

『夜と霧』の前年、一九四六年に出版された『死と愛』においても、フランクルは次のように言っている。

愛する人間の身体的存在は死によって無に帰しても、その本質は死によってなくなるものではないのであり、それは無時間的な、移ろわないものなのである。(フランクル『死と愛』一五一頁)

真の愛は「時間的に永続的なものである」とフランクルは言う。これは一見、愛の理想理念化を思い起こさせる。

しかしフランクルの言い方は、わたしにはかなりの説得力があるように思われる。愛は確かに、相手の死によって無化されるようなものではない。むしろ愛する人の死は、わたしの愛を胸の底にいっそう深く刻みつける。そしてそのような永続しうる愛をこそ、わたしたちは確かに〝真の愛〟と呼んでいるのだ。

古代ローマの哲学者キケローは、親友スキーピオーの死後、次のような言葉を残している。


スキーピオーは突如奪い去られてしまったけれども、わしにとっては今も生きているし、ずっと生き続けるであろう。なぜなら、わしの愛したのは彼の徳であって、それは消滅していないし、いつでもそれに接しておれたわしの目の前に立ち現れるばかりでなく、後の世の人々にも、ひときわ鮮やかに記憶されていくであろうから。（キケロー『友情について』八二頁）

永遠に続きうるという確信

もちろんわたしたちは、親の子に対する愛でさえ、それが不幸にも消え去りうることを知っている。夫婦間の愛など、フランクルのような幸運な場合を除いて、一般には親の子に対する愛とは比較にならないほど移ろいやすいものだろう。

しかしその時、わたしたちが感じ取るのは、「それは〝真の愛〟ではなかったのだ」ということであるにすぎない。真の愛であれば、それが消え去るはずはなかったのに、と。未来の実際がどうであれ、わたしたちは〝真の愛〟に浸されている時、それが永遠でありうることを確信するのだ。

恋をしている時のわたしたちは、それが永遠に続くことを残念ながら信じてはいない。永遠に続くことを願いはするが、それがいつかは消えてなくなってしまうことを薄々知っている。思春期の初恋においては、確かに永遠を確信することもあるかもしれない。しかしやがて、わたしたちはそれが少しずつ薄らいでいく感情であることに気づいてしまう。

しかし〝真の愛〟は違う。「この人を愛している」とわたしが確かに感じている時、わたしはそれを、永遠に続きうるものとして確信している。繰り返すが、それが絶対に永続するという保証はない。しかしそれでもなお、わたしは、わたしがこの人を永遠に愛しうるということについては、確かに確信しているはずなのだ。そしてそれは、いささかも薄らぐものではないということを。

恋は永遠を願い、愛は永遠を確信する。したがって、もし「恋愛」においてわたしがそのような永続する「愛」を確信することがあったなら、わたしは今や〝真の愛〟のとば口に立っているのだ。

絶対分離的尊重

〝真の愛〟には、以上に見てきたような「存在意味の合一」と言うべき根本本質がある。

では「分離」の方はどうか？

〝真の愛〟にも、もちろん「分離的尊重」はある。しかしそれは、単なる「分離的尊重」ではなく、今や「絶対分離的尊重」と呼ばれるべきものである。

わたしたちは、愛着の対象をそれ自体として慈しんでいたとしても、結局のところ、それは〝このわたしのもの〟であるという意識にいくらか支配されている。一般的な「恋愛」においても、その目に映っているのは〝このわたしのロマン〟であって、かの人を、その人自身として絶対的に尊重しようとする意識はいくらか欠いている。どちらにも「分離的尊重」の契機はあるが、しかしそれは、〝このわたし〟への合一化へといつ回収されてもおかしくない、危うい弁証法的関係のうちにある。

しかし〝真の愛〟は違う。それを〝真の愛〟と呼ぶ限り、わたしたちは、相手は〝このわたし〃には絶対に回収し得ない存在であるという意識を持っている。〃このわたし〃に、相手を決して回収しないという意志を持っている。「絶対分離的尊重」は、〃真の愛〃の欠くべからざる本質なのだ。「存在意味の合一」と「絶対分離的尊重」の弁証法。これこそ、〃真の愛〃の最も根本的な本質にほかならないのだ。

マルティン・ブーバーは、西洋哲学の伝統に従って、愛の過度な理想理念化をしてしまった哲学者の一人であるようにわたしには思われるが、〈われ〉と〈なんじ〉の関係は、愛の一つのすぐれた本質洞察として受け取ることができる。「愛は〈われ〉につきまとい、その結果、〈なんじ〉をただの〈内容〉や、対象としてしまうようなものではない」(『我と汝・対話』二三頁)。愛は相手を、道具存在――〈それ〉――としてではなく、自分とは絶対的に分離された一個の存在として尊重するものなのだ。

相手の存在は、わたしの存在意味それ自体でありながら、なお同時に絶対的に分離された存在である。わたしたちは、愛をそのような弁証法的経験として生きる。愛する人に対する思いやりや献身、そして時に自己犠牲は、まさにこの弁証法のゆえに可能になるのだ。

ショーペンハウアーは次のように言っているが、これは愛の皮相な理解と言うべきだろう。

愛が完全になっていくと、他人の個体ならびにその運命を自分自身の個体や運命とまったく同一視するようになるであろうが、愛はそれ以上にはけっして進み得ない。自分の個体よりも他の個体を優先させるいかなる理由も存在しないからである。（ショーペンハウアー『意志と表象としての世界Ⅲ』一五五頁）

西田幾多郎における次のような愛の考察も、それゆえわたしにはきわめて不十分なものに思われる。

自他合一、その間一点の間隙なくして始めて真の愛情が起るのである。我々が花を愛するのは自分が花と一致するのである。月を愛するのは月に一致するのである。親が子となり子が親となりここに始めて親子の愛情が起るのである。（西田幾多郎『善の研究』二六〇頁）

西田は、愛を彼我合一の次元においてしか捉えていないのだ。そこには「絶対分離的尊重」の契機が驚くほど欠けている。しかしこの契機なき感情を、わたしたちが「愛」と呼ぶことはできるだろうか？

「愛の現象学」を試みたマックス・シェーラーは、やはりキリスト教（カトリック）的な愛を理想理念化しすぎてしまった哲学者だが――愛の最高境地は、「神ニオケル愛」を土台とした「神ヲ愛スルコト」であるとシェーラーは言う――この点に関しては正しく次のように述べている。

> 他人をあたかも自分自身の自我と同一であるかのようにみなし遇することは、決して愛の「最もふかい意味」ではない。愛は、単なる「我欲の量的拡大」ではだんじてないし、また「全体」としてひたすら（利己主義的な）自己保存、自己促進あるいは自己の成長にのみ腐心する、全体のなかのある一部といった関係ではない。これらはすべて、あきらかに現象の誤れる説明である。（シェーラー『同情の本質と諸形式』一三五頁）

〝真の愛〟の本質

では、愛の現象の正しい説明はいかに可能か？

繰り返し述べてきたように、「存在意味の合一」と「絶対分離的尊重」の弁証法。これこそ、〝真の愛〟の正しい本質観取である。

ヘーゲルも次のように言っている。

愛とは総じて私と他者とが一体であるという意識のことである。だから愛においては、私は私だけで孤立しているのではなく、私は私の自己意識を、私だけの孤立存在を放棄するはたらきとしてのみ獲得するのであり、しかも私の他者との一体性、他者の私との一体性を知るという意味で私を知ることによって、獲得するのである。（『法の哲学Ⅱ』§一五八追加）

（愛の――引用者）第二の契機は、私が他の人格において私を獲得し、他の人格においてて重んぜられるということ、そして他方、他の人格が私においてそうなるということである。（前掲書、同）

一つ目の引用は、まさに愛が「存在意味の合一」であることを論じたものである。そして二つ目の引用には、しかし愛は同時に、互いに別々の人格として相手を重んずるものであることが述べられている。[6]

エーリッヒ・フロムもまた、次のように言っている。

成熟した愛は、自分の全体性と個性を保ったままでの結合である。〔中略〕愛においては、二人が一人になり、しかも二人でありつづけるという、パラドックスが起きる。（フロム『愛するということ』四〇～四一頁）

フロムはこれをパラドックスと呼ぶが、むしろそれは、やはり弁証法的関係にあるものと言うべきだろう。わたしたちは「愛」において、「存在意味の合一」と「絶対分離的尊重」を、何の矛盾もなく統合的に経験するのだ。

逆に言えば、もしわたしたちが、相手に対してこの両方を同時に感じていないなら、それを〝真の愛〟と呼ぶことはない。わが子を「自分のもの」と思い続ける親がいたとしたら、そしてそのような意味で「二人で一つ」と思うのだとしたら、わたしたちは、それを執着とか依存とか支配欲とか呼ぶことはあったとしても、「愛」と呼ぶことはないだろう。

6　シェーラーは、ヘーゲルが愛を自我と他者との合一的現象と捉えたと批判しているが、このくだりからそれがシェーラーの誤解であったことは明らかである。

「存在意味の合一」と「絶対分離的尊重」の弁証法。これこそ〝真の愛〟の本質なのだ。

愛が憎しみに変わることはない

先にわたしは、愛が憎しみに変わることはないと言った。とりわけそれが〝真の愛〟であった場合、愛が憎しみに変わることなどないのだと。

その理由は、今や明らかである。〝真の愛〟は、単なる「合一感情」ではなく、「存在意味の合一」と「絶対分離的尊重」の弁証法であるからだ。

ただの「合一感情」であったなら、それが憎しみに変わったとしても何ら不思議なことはない。

先述したように、「憎悪」とは〝このわたし〟の「執着」を傷つけ破壊するものに対する攻撃欲望である。あなたは〝このわたし〟のものだったのに。〝このわたし〟と二人で一つだったのに。このような「合一感情」は、「愛」などではまったくなく、あなたは〝このわたし〟のものでなければならないというエゴイスティックな欲望への「執着」にほかならない。

なのになぜ、あなたは〝このわたし〟を裏切ったのか……。彼女に対するわたしの憎悪は、二人で一つでありたいという〝このわたし〟の欲望への「執着」が、当の相手によってなみされたことに対する憎しみなのだ。

一方、〝真の愛〟は、「存在意味の合一」と「絶対分離的尊重」の弁証法をその本質とする理念的情念である。このような「愛」は、その概念の本質から言って、そもそも憎しみに変わることなどあり得ない。相手を自分から絶対的に分離された存在として尊重しているわたしは、この人は〝このわたし〟のものでなければならないという欲望への「執着」を、すでに克服してしまっているからだ。したがって、もしわたしが愛する恋人に裏切られたとしても、それが〝真の愛〟であったとするなら、その気持ちが「憎悪」へと顚倒することはあり得ない。〝悲しみ〟や〝喪失感〟に打たれることはあったとしても、わたしが彼女を憎悪することなどあり得ないのだ。

逆に言えば、もしそれが憎しみに変わることがあったとするなら、それはただ「愛」ではなかっただけのことである。少なくとも、〝真の愛〟の名に値するものではなかった。わたしは彼女を愛していたのではなく、彼女は自分のものでなければならないという、おのれの欲望に「執着」していたにすぎなかったのだ。

3　自己犠牲的献身

自分の命と引き換えにしても

もう一点、〝真の愛〟には第二の重要な根本本質がある。

右に述べてきた弁証法の先にあるもの、すなわち「自己犠牲的献身」である。〝真の愛〟には必ず「自己犠牲的献身」がある。わたしは、相手の存在において自身の存在意味を見出し、その上でなお、相手をわたしとは完全に切り離された他者として尊重する。このような弁証法の上に、「愛」における「自己犠牲的献身」ははじめて成り立つ。単なる自己満足に回収されることのない献身。「自己犠牲」という言葉の究極の意味を、わたしたちは「愛」において真に知るのだ。

たとえば、命の危機に瀕したわが子への「自己犠牲的献身」。

――海辺で遊ぶ幼いわが子が、少し目を離した隙《すき》にいなくなっていたとしよう。沖を見ると、波にさらわれ、海面に頭だけが浮かんだ状態で漂っているわが子が見える。

それは世にも恐ろしい光景だ。命に代えても、この子を必ず助け出す、とわたしは思う。救急車を呼ぶよう周囲に叫び、海に飛び込む。子どもを抱え、海から引き上げる。後ろから腹を抱きかかえ、水を吐き出させ、救命措置を施す。

やって来た救急車に、生死の境をさまよう子どもと乗り込む。

集中治療室で救命処置がなされている間、わたしは祈り続ける。「わたしの命と引き換えでいい。どうかあの子を助けてください」。胸のうちで、何度も唱える。

医師が出てきて、子どもが一命を取りとめたことを告げる。しかし、肺には大量の水がたまっている。脳機能に障害が残る可能性もある。

病室で眠っているわが子を見ながら、わたしはまたも次のように祈る。「わたしの命と引き換えでいい。どうかこの子を助けてください」。

入院生活の間、わたしは文字通り献身的に子どもの面倒を見る。それ以外のわたしの日常は、もはやどうでもいいことだ。

少しずつ、子どもは元気を取り戻す。目を開けわたしに微笑みかけたわが子を見て、わたしはようやくその場に泣き崩れる。そして、今ここで感じているものこそ、まぎれもない愛であることを知る。わたしはあの時、命に代えてもこの子を助け出したいと願い、今もまた、いささかの疑いもなくそう考えている！

もし、これが別の子どもであったとしたらどうだろう？　世話を頼まれていながら、しばらく目を離したために、その子を溺れさせてしまったとしたらどうだろう？

命の危険をかえりみず、その子を助けようとすることはありうることだ。わが子の時と同じように、わたしは海に飛び込み、子どもを海から引き上げ、救命措置を施すだろう。

しかしその後、集中治療室の外で、「わたしの命と引き換えでいい。どうかあの子を助けてください」と祈ることはあるだろうか？

いや、確かにあるかもしれない。しかしそれは愛のためではない。贖罪《しょくざい》のためだ。わたしが震えているのは、愛のためではなく、取り返しのつかないことをしてしまった後悔と罪責感のためなのだ。

命を取りとめたその子のために、わたしは献身的な介護をするだろう。しかしそれもまた、愛のためなどではない。わたしの罪責感を、少しでも軽くするためなのだ。

「自己犠牲的献身」は、その行為だけを見るならば、愛がなくても可能なものだ。線路に落ちた見知らぬ人を、命を顧みず助けようとする人たちがいる。そのために、文字通り自らの命を犠牲にした人たちがいる。

しかしわたしたちは、それを限りなく立派な行いと言うことはあっても、「愛」ゆえの行為と呼ぶことはない。彼にそのような行為を取らせたのは、使命感や義務感であったかもしれない。あるいは、ほとんど無意識の反応だったかもしれない。しかしわたしたちは、その底にあったものが見知らぬ人に対する「愛」だったと言うことはできない。

なぜなら、愛は「合一感情」と「分離的尊重」の弁証法であるからだ。この二つの契機なき自己犠牲的行為は、限りなく立派な行為ではあったとしても、「愛」ではない。

逆に言えば、「存在意味の合一」と「絶対分離的尊重」の弁証法の先にある「自己犠牲的献身」は、疑いの余地なく「愛」である。これらは〝真の愛〟の不可分の本質なのだ。

共感

「存在意味の合一」と「絶対分離的尊重」の弁証法。そしてその先にある、「自己犠牲的献身」。

こうして〝真の愛〟の本質を描き出してみると、愛とその類似概念との関係や相違もまた、はっきりとつかむことができるようになる。

たとえば、「共感」。

「愛」には必ず「共感」がある。しかし言うまでもなく、「共感」は必ずしも「愛」ではない。あるいは次のようにも言える。「共感」は、「愛」の前提ではあるが、それだけではまだ「愛」ではない、と。

「共感」には、大きく二つの類型があるように思われる。一つは、たとえばだれかと同じ苦しみや喜びを、共に同じように味わうこと。いわば「感情共有」。

もう一つは、だれかの苦しみや喜びに対して、思いを寄せること。「感情共有」とは異なり、ここで二人の間に味わわれている感情は別ものである。相手の感情に自分の感情を寄せ、いわば伴走するように共感する。「同情」に近い概念と言える。

このような二つの「共感」は、「愛」における「合一感情」に包含される概念ではあるが、これだけでは「愛」に遠くおよばないことは言うまでもない。わたしは、テレビに映ったわが子を失った母親に共感することができる。映画や小説などの、想像上の登場人物にさえ共感できる。悩みを打ち明けてきた友人の感情に、わたし自身の想いを寄せることもできる。

単なる「共感」は、「分離的尊重」も、理念的な「歴史的関係性」も、また〝真の愛〟と比べるならば「自己犠牲的献身」も欠いているのだ。逆に言えば、もしわたしたちの「共感」にこれらの本質が備わっているならば、それはまぎれもなく「愛」である。悩みを打ち明けてきた友人に、わたしが「合一感情」と「分離的尊重」の弁証法や、理念的な「歴史的関係性」を感じているとするならば、わたしはそれを「友愛」の名で呼ぶことを躊躇わないだろう。

「ケア」は愛か？

「ケア」はどうか？　わたしたちが、だれかを気遣い、支えたいと思うこと、その行為。「ケア」は、今日の看護や教育の世界において、きわめて重要な用語として定着している概念である。

単なる「共感」に比べれば、「ケア」はそれが深まれば深まるほど「愛」に近づいていくものだと言える。

ネル・ノディングズが言うように、「ケア」にもまた必ず「共感」がある。だれかを大事にしたい、「ケア」したいというわたしたちの思いの底には、必ず「共感」がある。

もっともノディングズによれば、「ケア」における「共感」は、先の言葉で言うところの単なる「感情共有」や「感情の伴走」とはやや次元が異なっている。

彼女はそれを「専心没頭」と呼ぶ。相手に自分の感情を〝投げ入れる〟ような共感ではなく、むしろ相手を自分の中に〝受け容れる〟仕方で味わわれる共感。それが「専心没頭」としての共感である。

母親が赤ん坊と感情を共有するのは、まったく当然なことである。しかし、赤ん坊に

> 自分を投げ入れ、そして、「自分ならおしめがぐっしょりぬれたら、どんな感じかしら」と問うのではない。〔中略〕赤ん坊が泣き叫んでいるときに、わたしたちはその赤ん坊に応答して、どこか赤ん坊の具合が悪いのだなと感じる。どこか具合が悪い。この感情が赤ん坊の感情であり、わたしたちの感情である。その感情を受け容れ、分かち合うのである。（ノディングズ『ケアリング』四七～四八頁）

相手に思いを寄せると言うよりは、相手を丸ごと受け容れるような共感。それが「ケア」における共感のあり方であるとノディングズは言うのだ。

しかし、これはきわめて深い「ケア」に限っての話であろう。わたしたちの「ケア」の気持ちには、もっと軽い類のものもある。怪我をした見知らぬ子への「ケア」や、交差点で周囲を気にしている視覚障害者への「ケア」などは、必ずしも相手を丸ごと受け容れるような共感であるわけではない。相手の感情に自分の感情を伴走させるからこそ、相手をケアしたいと思うこともある。

とまれノディングズは、深い「ケア」においてはさらにここから「動機の転移」が起こると言う。それはつまり、「この人のため」が同時に「わたしのため」でもあるということだ。だれかを本当に「ケア」したいと思う時、わたしたちは、それを単なる義務や、完全に利他的な行為として行うわけではない。深い「ケア」においては、「この人のため」が同時にこのわたしの喜びにもなるのだ。

もちろん、それは相手を〝このわたし〟に回収することではない。相手をわたしの内に深く受け容れているからこそ、わたしは「この人のため」と「わたしのため」を同時に味わうことができるのだ。

これもまた、かなり高次の「ケア」と言うべきだろう。しかしいずれにせよ、このような意味での「ケア」における「専心没頭」と「動機の転移」は、その深まりに応じて、「愛」における「合一感情」と「分離的尊重」の弁証法にきわめて近くなる。いや、場合によっては、「ケア」はすでにいくらかの「愛」を含んでいるとさえ言える。重病人を献身的にケアする看護師の姿に、わたしたちは「愛」を感じることがある。「愛がなければできないことだ」と言うことがある。子どもたちを献身的に守り支え育てる保育士や教師の姿に、「愛」を見ることがある。「あの人は確かに子どもたちを愛している」と言うことがある。実際、そのような看護師や教師が、患者や子どもたちを愛していると自ら確信しうる場合はあるだろう。

その意味で、「ケア」は「愛」ときわめて近接した概念である。英語における、「わたしはあなたをケアしている（I care about you）」という表現が、時に「アイ・ラブ・ユー」

と同じ意味を持つのは象徴的である。

しかしその一方で、わたしは、わたしの「ケア」が、いついかなる時も、だれに対しても、ただひと言で「愛」と呼ばれるものと同じかと問われれば、いささか躊躇うことになるだろう。

大学で共に学ぶ学生たちに、あるいは卒業生たちに、わたしは深い「ケア」の情を抱くことがある。彼らのために、どのような労苦も惜しむまいと思うことがある。そして実際、献身的に支えることがある。そしてそのこと自体が、わたし自身の喜びでもあるような「動機の転移」を経験することがある。

しかし、それははたして「愛」かと問われれば、わたしは少し考え込んでしまうことになる。「愛情」と呼ぶことに躊躇いはないが、多くの場合、「愛」と呼ぶことには迷いを覚える。「愛情」は、理念ではなく純粋に情念である。肉感的・感性的に感じられる、愛着と慈しみの情である。他方、ただひと言で「愛」と呼ばれる概念は、繰り返し述べてきたようにきわめて〝理念性〟の高い概念である。すなわち、「合一感情」と「分離的尊重」の弁証法。わたしの学生たちへの「ケア」は、いついかなる時もそのような〝理念性〟を帯びた「愛」と言いうるわけではない。

逆に言えば、もしわたしが、彼らに対して何らかの仕方で「合一感情」と「分離的尊重」の弁証法、また理念的な「歴史的関係性」等を感じることがあったとするなら、その「ケア」の気持ちを、わたしは迷うことなく「愛」と呼ぶだろう（本書の最後に述べるように、そのような「愛」を、わたしは確かに確信することがある）。

「ケア」は、「愛」にかなり近接し、時に重なり合う概念でさえある。しかしそれでもなお、わたしたちは、「ケア」をただそれだけでは「愛」とは呼ばない。「愛」には必ず「ケア」がある。しかし「ケア」は、必ずしも「愛」であるわけではないのだ。

「あれは愛ではなかった」

さて、ここに至って、わたしはようやく、二〇年前にわたしに訪れたあの「人類愛」の正体を明らかにすることができる。

あの時わたしの目にありありと見えたもの。それは、すべての人類が、互いに溶け合い、結ぼれ合った姿だった。そのだれ一人として欠けても、わたしは存在することができない。その完全な調和、完全な合一を、わたしは「人類愛」の名で呼んだ。わたしは全人類を愛し、そして全人類から愛されていると、いささかの疑いもなく信じていたのだ。

しかしあの時わたしに訪れた感情は、本当に「愛」と呼ぶべきものだったのか？

「愛」の本質が明らかになった今、わたしはようやく、この長年の問いに答えを与えることができる。

――あれは「愛」ではなかった。「愛」にいくらか似た感情ではあったが、しかし「愛」ではなかった。

世界との絶対的調和、人類との絶対的合一……そのほとんど病的なほどの恍惚、陶酔を、わたしは「愛」の理想理念化された概念において理解したにすぎなかったのだ。「愛」はその〝理念性〟のゆえに、わたしたちに容易にその「本体」を捏造させる。わたしは自身の恍惚体験を、その捏造された――「本体」化された――「愛」の名で呼んだのだ。

確かにあの時、わたしは度を超えたほどの「合一感情」に浸されていた。しかしそこに「絶対分離的尊重」との弁証法はあっただろうか？　その弁証法の先の「自己犠牲的献身」はあっただろうか？

本書冒頭に書いた通り、当時のわたしは「人類愛」の本質を次のように語っていた。「今存在しているすべての人、かつて存在したすべての人、そしてまた、これから存在するすべての人、そのだれ一人欠けても、自分は決して存在し得ないのだということを、絶対的に知ること」……。

わたしにあったのは、人類との極度の「合一感情」だけであって、「絶対分離的尊重」などなかったのだ。確かにわたしは、あの時、見も知らぬ「人類」のために命を捧げることができるなどと、どこかで考えていたし、実際にそう嘯《うそぶ》いてもいた。その意味で、それは確かに「愛」に似ていた。しかしわたしは、最初からこう白状していたのではなかったか？　人類の「だれ一人欠けても、自分は決して存在し得ないのだ」と。

ここで語られているのは、とどのつまり〝このわたし〟のことである。わたしは、〝このわたし〟が全人類から受け入れられているという恍惚感に、ただ喜び耽《ふけ》っていただけだったのだ。

その恍惚感の正体は、「愛」ではなく、おそらく宗教的恍惚と言った方が正確なものだった。わたしがあの時「人類愛」と呼んだものは、やがて幾人かの人びとを惹きつけ「人類愛教」と呼ばれる宗教になったが、それはまったく自然なことだった。わたしの「人類愛」は、人類との宗教的一体感にほかならなかったのだ。

ウィリアム・ジェイムズは宗教的経験を定義して次のように言っている。「宗教とは、個々の人間が孤独の状態にあって、いかなるものであれ神的な存在と考えられるものと自分が関係していることを悟る場合だけに生ずる感情、行為、経験である」と（『宗教的経験の諸相（上）』五二頁）。わたしはあの時、孤独な個人でありながら、なおわたしが「人類愛」の名で呼んだ「神的な存在」と一体化した。その恍惚、その陶酔を、わたしは不適切にも「愛」の名で呼んだのだ。

しかし先述したように、そこには、愛の不可欠の本質契機である「分離的尊重」も、〝真の愛〟の根本本質である「自己犠牲的献身」もなかった。わたしの「人類愛」は、その本質において「愛」ではなかったのである。それは、自我が世界の極限にまで拡大し、しかしそれゆえに、最後はその世界の中へと溶けて消えてしまった、〝自我の脱中心化〟とも言うべき恍惚だったのだ。

とはいえわたしは、あの時の恍惚を、何か否定されるべきものとは考えていない。あれは「愛」ではなかったが、しかしあのような恍惚体験は、人生においてそう何度も味わえるものではないし、だれもが味わえるものでもない。たとえそれが、わたしの精神の異常のゆえに得られたものであったにしても、あの体験は、わたしにこの上ない至福をもたらしたのだ。それはあらゆる神秘主義的宗教家たちが、長い修行の上にようやく達することができるようなものではなかったか？

「人類愛」は本当に不可能なのか？

「人類愛」は愛ではなかった。この結論は、わたしに否応なく次の問いを投げかけてくる。

ならば愛とは、結局のところ身近な人びとの間でしか成立しないものなのか？

――さしあたっては、確かにそう言うほかないように思われる。わたしの妻、わたしの親、わたしの子ども、わたしの友……。わたしは確かに、〝このわたし〟に深く関わる人しか愛せないように見える。先に西研の言葉に見たように、「愛はもともと狭い範囲にしか通用しない」。

しかしそれは、愛が結局はわたしのエゴイズムであるということを意味するわけではない。繰り返し述べてきたように、すでに原初的な愛着においてさえ、そこにはエゴイズムの乗り越えの契機があった。すなわち、分離的尊重。「愛」の名で包摂されるあらゆる概念は、「合一感情」と「分離的尊重」の弁証法を、必ずその根本本質としているのだ。

それゆえ、有島武郎が考えたように、愛は結局のところエゴイズムにすぎないとする思想は、愛の本質を見誤った反動的なニヒリズムにすぎない。逆に、倉田百三が考えたような、愛はエゴイズムを撤廃したものでなければならないとする思想は、柔なロマン主義・理想主義である。愛は、エゴイズムをその始発点としながらも、それ自体においてすでにそのエゴイズムを揚棄したものである。絶対利己の精神でも絶対利他の精神でもない。愛の本質は、「合一感情」と「分離的尊重」の弁証法にこそあるのだ。

さて、しかしこのように愛の本質を描き出してみた時、わたしは改めて、愛は理論的には、身近な人びとの間でなくとも可能なものなのではないかと夢想せずにいられない。

というのも、前に見たように、「存在意味の合一」と言う時の「存在」とは、恋やエロティシズムの場合とは違って、必ずしも目の前に現存在している必要がない存在であるからだ。死んだ妻、死んだわが子を、わたしは今でも愛することができる。

その意味で、愛とは改めて、かくも〝理念的〟なものである。愛は、性欲のようにありありと肉感的に感じられるものではなく、理性によって思念されるきわめて〝理念的〟なものなのだ。

その証拠に、幼い子どもが愛を知ることはおそらくあり得ない。子どもが母親に対して抱くのは、自分に繰り返し安心感を与えてくれる存在への原初的な愛着であって「愛」ではない。愛は、〝正しさ〟や〝完全さ〟といった〝理念性〟を理解しうる、高度な理性の目覚めを待ってはじめて知りうる理念的情念なのだ。そしてこの〝正しさ〟や〝完全さ〟の本質こそ、これまでに明らかにしてきた「合一」と「分離」の弁証法にほかならない。「愛」を知る人は、この根本本質を、理性をもって内省すれば必ず観取しうるはずである。

とすれば、わたしたちは、理論的には、たとえば「神」を愛することも可能である。

「神」もまた、わたしの目の前に現存在しているのではない、きわめて理念的な存在である。しかし「愛」は、すでに自らが理念的な概念であるがゆえに、理念的存在をその対象とすることを大きな障壁とはしない。

人が神を真に信じ、その存在との「存在意味の合一」と「絶対分離的尊重」の弁証法、さらにその先にある「自己犠牲的献身」をいささかの疑いもなく確信しうるならば、それは確かに神への〝真の愛〟なのだ。熱心なキリスト教徒の、「わたしは神を愛している」という言葉は、おそらく嘘ではないし欺瞞でもない。

とすれば、わたしたちはさらに次のようにも問うべきである。

ならば「人類愛」もまた、わたしたちは理論的には可能と言うべきなのではないか、と。

わたしがわたしの存在意味を全人類の存在において確信しているとするならば、そして、しかし同時に、その全人類を〝このわたし〟とは絶対的に分離された存在として尊重しているならば、またさらに、この全人類のために、わたしが〝このわたし〟を何らかの仕方で捧げうると確信しているならば……。

それは確かに、人類への〝真の愛〟と呼ぶべきものと言えはしないか？

愛は「意志」である

そのような「人類愛」が、現実に存在しうるかどうか、わたしには分からない。しかしわたしは、あの時少なくとも、そのとば口に立っていたと言うことはできないだろうか？わたしはわたしの存在意味を、あの時確かにいささかの疑いもなく、全人類の存在において確信していた。「存在意味の合一」。あの時の恍惚を、わたしはこの言葉以上に的確に表現することはできない。

とするならば、あの時わたしは、真の「人類愛」を視線の先に捉えていたとは言えないだろうか。それはもちろん、はるか彼方に霞《かす》む世界ではあったに違いない。しかし、もしわたしがあの時、全人類との「存在意味の合一」に加えて「絶対分離的尊重」をも感じ取っていたとするならば、そしてそれを意志し得ていたとするならば、わたしはそこに、「自己犠牲的献身」の可能性もまた自ずと確信し、そしてそれを、躊躇うことなく「人類愛」と呼んだのではないだろうか？

「意志」、とわたしは言った。

これは、〝真の愛〟において決して欠いてはならないもう一つの本質契機である。

「愛」は「意志」である、としばしば言われる。疑いなく、これは正しい言明である。

なぜなら「愛」は、情念であると同時に理念でもあるからだ。

情念を意志することはできない。それは向こうから〝やって来る〟もの、あるいは内側から〝湧き上がって来る〟ものである。しかし理念は違う。ちょうど、カントが道徳は「善」を意志するところにあると言ったように、愛も善と同じく、それが理念的な概念であるがゆえにこそ、ただ感じるだけのものではなく意志しうるものなのだ。

しかしそれはいかに可能なのだろう？　愛を意志するとは、いったいどういうことなのだろう？

本書最後の問いは、以下のようである。

――「愛」は、いかに可能か？

第五章　「愛」はいかに可能か

〝真の愛〟の条件

前にも述べたように、哲学の本質、その最大の意義は、「本質洞察に基づく原理の提示」にある。物事の本質を深く解明することができれば、「それはいかに可能か？」の原理もまた解明することができる。

〝真の愛〟は、確かに容易に手に入れられるものではない。夫婦愛や友愛は言うまでもなく、親の子に対する愛でさえ、それがどれだけ自然な情であるように見えたとしても、親にその子を愛する準備が整っていなければ不可能である（わが子を所有物としか考えることのできない親を見よ）。

「人類愛」のような愛に至っては、それはただ理論上可能にすぎないと思われるような愛である。わたしが二〇年前に啓示に打たれた「人類愛」は、今になってみれば、残念ながらその名に値するものではなかった。

が、前章の最後に、わたしはこの「人類愛」でさえ、あるいは到達可能なものではなかったかと問うた。「存在意味の合一」と「絶対分離的尊重」の弁証法。そしてその先にある、「自己犠牲的献身」。わたしが全人類に対してその揺るがぬ思いを抱くことがあったなら、そしてそれを意志することができていたなら、わたしはそれを、いささかの疑いもなく「人類愛」と呼び得たのではないか？

そのような「愛」を、わたしたちが実現することははたして可能なのか？「人類愛」とまでは言わなくとも、わたしたちが通常〝真の愛〟と呼ぶものは、いったいどのような条件において可能なのだろう？

愛の本質が明らかにされた今、わたしたちはこの問いを明らかにすることができるはずである。

愛を阻むナルシシズム

「存在意味の合一」と「絶対分離的尊重」の弁証法。これらそれぞれの概念について、改めて吟味してみよう。

まず、「存在意味の合一」について。

これは比較的感得しやすいものである。原初的な愛着においてさえ、わたしたちはその対象との「合一感情」を自然に感じ取る。性愛や恋愛における、相手の存在の取り替えがたさもまた、その存在が〝わたし〟に与える「合一感情」のゆえである。

〝真の愛〟は、この「合一感情」が「存在意味の合一」にまで高められたものである。

すなわち、相手の存在によってわたしの存在意味が充溢するという確信、相手が存在しなければ、わたしの存在意味もまた十全たり得ないとする確信。

しかしこれもまた、さほど困難なものではない。ゲーテが銀杏のイメージで描き出した恋愛の本質もまた、「存在意味の合一」のメタファーである。〝真の愛〟だけでなく、多分に幻想性を含んだ「恋愛」においてさえ、「存在意味の合一」は比較的容易に得られるものなのだ。

それに対して、「存在意味の合一」と弁証法的関係にあるもう一方の「絶対分離的尊重」は、そう容易く得られるものではない。

もちろん、原初的な「愛着」においても、「性愛」や「恋愛」においても、「合一感情」には「分離的尊重」がつねに重なり合っている。しかしそれは、これまでに述べてきた通り「絶対分離的尊重」と言うほどのものではない。

「絶対分離的尊重」は、ただ待っていれば感得できるというものではないのだ。フロムも言うように、「愛」はわたしたち自身の人格的発達を必要とする。


愛するためには、性格が生産的な段階に達していなければならない。この段階に達した人は、依存心、ナルシシズム的な全能感、他人を利用しようとかなんでも貯めこもうという欲求をすでに克服し、自分のなかにある人間的な力を信じ、目標達成のためには自分の力に頼ろうという勇気を獲得している。これらの性質が欠けていると、自分自身を与えるのが怖く、したがって愛する勇気もない。（フロム『愛するということ』四八頁）

「依存心、ナルシシズム的な全能感、他人を利用しようとかなんでも貯めこもうという欲求」……。これらはいずれも、自己不安や自己不全をその根に持っている。わたしたちが過度に人に依存したり、また、一見逆説的ではあるが、自分を過度に愛するポーズを取ってしまったりするのは、この不安を何とか打ち消そうとするからなのだ。

（ナルシスティックな人間は――引用者）自分自身をあまりに愛しすぎているかのように見えるが、実際には、真の自己を愛せず、それをなんとか埋め合わせ、ごまかそうとしているのである。（前掲書、九七頁）

たしかに利己的な人は他人を愛することができないが、同時に、自分自身を愛することもできないのである。（同）

すべてのナルシシズムが、自己不安の反動によって獲得されたものというわけではもちろんない。純粋な自己全能感と、それゆえのナルシシズムもまた確かに存在するだろう。しかしわたしたちは、まさにこの自己不安のゆえにこそ、いわば捻《ねじ》れた形のナルシシズムを抱くことがある。「だれもわたしを愛してくれない。だからわたしだけは、そんなわたしを過剰に愛する……」。これが、自己不安の反動としてのナルシシズムである。前にも述べたように、これはいわば自己価値への過剰な「執着」なのである。

このようなナルシシズムを克服しない限り、わたしたちが「絶対分離的尊重」を感得する、あるいは「意志」するのは不可能である。ナルシスティックな人間は、すべては〝このわたし〟のために、とつねにどこかで考えているからだ。

ナルシシズムの克服

では、わたしたちはどうすればこれを克服することができるのだろう？

フロムの答えは次のようである。

> ナルシシズムの反対の極にあるのが客観性である。これは、人間や事物をありのままに見て、その客観的なイメージを、自分の欲望と恐怖によってつくりあげたイメー

ジと区別する能力である。（前掲書、一七六頁）

客観的に考える能力、それが理性である。理性の基盤となる感情面の姿勢が謙虚さ、である。〔中略〕人を愛するためには、ある程度ナルシシズムから抜け出ていることが必要であるから、謙虚さと客観性を理性を育てなければいけない。（前掲書、一七八～一七九頁）

自己不安の打ち消しとしてのナルシシズムは、「このような惨めな自分ではない自分でありたい」という欲望によって作り上げられた自己像を描き出す。しかしそれは、結局のところどこまでも虚像にすぎない。

この虚像を、自らの理性によって暴き出すこと。ここにナルシシズム克服の方途がある。そうフロムは主張するのだ。

正しい指摘だ。しかし同時に、きわめて険しい道のりでもある。自己不安の打ち消しとしてのナルシシズムが、「このような惨めな自分ではない自分でありたい」という切実な欲望によって生み出されたものである限り、その根源的欲望を〝理性〟の力のみによって克服するのは至難のことだ。

わたしとしては、フロムの主張に加えて、他者から「承認される経験」を、ナルシシズム克服の最大の契機として挙げることにしたいと思う。

先述したように、自己不安の打ち消しとしてのナルシシズムは、ほかにだれも自分を愛してくれないから、せめて自分だけは自分を過剰に愛そうとする自己の価値への「執着」にほかならない。それゆえ、もしだれかがわたしを十分に愛してくれたなら、わたしはこの過剰な自己承認のくびきから抜け出すことができる。峻厳な〝理性〟の力に、必ずしも頼ることなしに。

とはいえ、「愛されること」もまた至難のことである。本来、それは親が子に与えるものである。しかしそれが叶わない子どももまた、残念ながらこの世には大勢存在する。だからわたしたちは、こう言うべきだろう。「愛される経験」は十分に得られないとしても、せめて「承認される経験」は保障されるべきである、と。

もちろん、承認と言ってもそれは過度の称賛ばかりを意味するわけではない。わたしの存在がそのままにおいて承認されること。「あなたはOK、それでOK」と言われること。たったそれだけの承認経験が、自身を長らく縛りつけてきた過剰な自己承認欲求から、わたしたちを解き放ちうるのだ。

これもまた、険しい道のりと言うべきかもしれない。しかし同時に、ここにこそ希望があるとも言える。「あなたはＯＫ、それでＯＫ」と言ってくれる存在との出会いは、わたしを反動的ナルシシズムから救い出し、「愛」の可能性の条件を切り開いてくれるに違いない。親、保育者、教師などの一つの存在意義は、ここにこそあると言うべきだろう。

フロムの言う、理性による「客観性」への到達。そしてわたしの言う、「承認される経験」。これらはどちらも、同じところを目指している。すなわち、自己虚像からの解放。わたしは、わたし自身をそのあるがままにおいて承認し得ない限り、人を愛することなどできないのだ。ニーチェの言葉を今一度思い起こそう。

しっかり**自分の**尻ですわり、勇敢に自分の足で立っていないと、愛することなど**できない**のに。（ニーチェ『この人を見よ』九八頁）

自己不安やルサンチマンや反動的ナルシシズムを抱える者は、愛を求めることはあっても、愛することはできないのだ。

「愛」を意志する

前章でも述べたように、「愛」は「意志」であるとしばしば言われる。そしてそれは、完全に正しい言明である。

繰り返し言ってきたように、「愛」は情念であると同時に理念でもあるからだ。恋やエロティシズムなどの肉感的・感性的な情念は、意志しうるものではなく〝やって来る〟。わたしたちは、自らの意志によって恋に落ちることはできない。性的欲望もまた、意志とは無関係にわたしたちにやって来るものである。

それに対して、〝理念〟は意志しうるものである。ちょうど、カントが道徳は「善」を意志するところにあると言ったように、愛も善と同じく、それが理念的な概念であるがゆえにこそ、ただ感じるだけのものではなく、意志しうるものなのだ。

カントの道徳哲学における定言命法は、「君の意志の格律が、いつでも同時に普遍的立法の原理として妥当するように行為せよ」である（『実践理性批判』七二頁）。いついかなる時も、だれにとっても正しいと言いうる道徳法則を理性によって見つけ出し、それに自らの意志をもって従えとカントは言うのだ。

後にヘーゲルは、このカントの道徳哲学を「空虚な形式主義」であり「義務のための義務についてのお説教」であると批判した（『法の哲学I』§一三五）。実際、カントの道徳哲学は、理性は絶対の道徳法則を見出すことができると主張した点、および、ひとたびそれを見つけたなら、意志をもってそれに従わねばならないとした二つの点において、きわめて非現実的な思想と言わねばならない。カントの思想は「お説教」にすぎないとするヘーゲルの批判には、十分な妥当性がある。[7]

しかしその上で、カントが「善」は意志しうるものであるとしたのはやはり慧眼《けいがん》である。人間的な「善」は、「快―不快」のような肉感的・感性的な概念とは異なり、高度に〝理念的〟な概念であるからだ。それは、意志とは無関係に〝やって来る〟ものではなく、まさに自らの意志をもって目がけうるものなのだ。

カントの思惑に反して、それはいついかなる時も、自らの意志によって到達しうるものであるわけではない。しかしそれでもなお、〝理念〟はその本質において、わたしたちが意志しうるものなのだ。

「愛」も同様である。「愛」もまた、「善」と同じく高度に〝理念的〟な概念である。それゆえわたしたちは、意志をもってだれかを愛することができるし、意志のないところに〝真の愛〟は成立しないとさえ言える。それはすなわち、「存在意味の合一」をわたしに与えるこの人を、しかし同時に、わたしとは絶対的に分離された存在として尊重しようとする意志である。

7　この点については、拙著『ほんとうの道徳』（トランスビュー、二〇一九年）を参照されたい。

〝真の愛〟は、このような意志によってこそ真に〝真の愛〟となるのだ。

無条件の愛

「この子がいい子であるから、わたしは愛する」「この人がわたしを愛してくれるから、わたしも愛する」。このような条件つきの愛は、本来「愛」とは呼ばれない。わたしたちはしばしばそのように言う。

確かにその通りだ。わたしたちは、その能力や美しさゆえにだれかを愛するのではなく、それらの特性を持ったその人がその人自身であるがゆえに愛する。

マックス・シェーラーは次のように言う。

道徳的に価値の高い愛とは、その人格があれこれの特性をもち、活動をおこない、あれこれの「才能」にめぐまれ、「美しく」、諸徳をそなえているがゆえに、その人格を愛しつつ注目するといったような愛ではなく、これらの特性、活動、才能がこの個体的人格に属するがゆえに、これらの特性、活動、才能をその対象のなかへ共に引きいれるような愛である。（シェーラー『同情の本質と諸形式』二七七頁）

しかしこのように言う時、わたしたちは次の二つを慎重に区別しておかなければならない。

確かに、わたしたちは〝真の愛〟と呼びうるような「愛」に浸されている時、それが無条件の「愛」であることを感じる。わたしは、この人が美しいからとか、才能があるからとか、わたしを愛してくれているからとかいった理由によって愛しているわけではない。わたしはこの人を、この人がこの人であるがゆえに愛しているのだ。それゆえ、もしこの人が美しさや才能やわたしへの愛を失ったとしても、わたしは変わらずこの人を愛し続けることができる。〝真の愛〟において、わたしはそう確信することができる。

しかしこのことは、わたしたちは何の理由もなく誰かを愛することができるということを意味するわけではない。愛ははじめから終わりまで徹頭徹尾〝無条件〟であると考えるのは、柔な愛の理想にすぎない。

だれかを愛するには、結局のところ理由が必要なのだ。この人が美しいからとか、同じ魂を共有しうる人だからとかいった理由で、わたしはだれかを愛し始める。

しかしひとたびわたしがだれかを心から愛したなら、わたしは確かに、その理由や条件を置き去りにすることができるようになる。わたしはかくかくしかじかの理由でこの人を愛しているのではない。この人がこの人であるただそれだけのゆえに、わたしはこの人を愛しているのだ。わたしはそのように確信することができる。

なぜか？

――「意志」のゆえに。

「無条件の愛」とは、だれかを愛するのに条件は必要ないという意味ではない。それは、ひとたびだれかを愛してはじめて、その愛に条件などないと意志しうるものなのだ。

おわりに

此岸の愛

「愛」は、その高度な理念性のゆえに、これまでしばしば過度に理想化されてきた。〝真の愛〟は「神の愛」にほかならない、とするキリスト教（プロテスタント）を筆頭に、「絶対利他」の愛の思想や、世界の完全調和としての「人類愛」の思想にいたるまで、現実世界から遠く離れた、彼岸的なものとしてイメージされてきた。

　しかしこのような彼岸的な「愛」は、現実の打ち消しとして捏造されたロマンにすぎない。わたしの「人類愛」は、その一つの典型である。だれからも愛されないわたし。愛を知らないわたし。しかしそんな世界は間違っている。世界は本来、「人類愛」で満たされていなければならないのに！

——理想理念は、このようなルサンチマンの反動的願望によって作り出される。わたしは、わたしの生の満たされなさの反動から、彼岸的な理想の世界を「愛」の名に仮託し捏造したのだ。

　しかし「愛」はそのような彼岸的理想では断じてない。なぜならそれは、この現実世界のうちに確かに存在するものであるからだ。

だれもが、この日常の中で、半ば無自覚に、さまざまな仕方で、だれか、あるいは何かに対するささやかな愛を感じ取っている。愛する家族、愛する友人、愛する本、愛する仕事……。こうしたさまざまな愛を、わたしたちは日々、確かに味わっている。その意味で、「愛」は、容易に手に入れることができない至難のものであるわけでは必ずしもない。

しかしその一方で、「愛」はまた高度な審級性を持つ概念である。より低い、より不完全な愛から、より高い、より完全な〝真の愛〟にいたるまで、「愛」にはその価値における審級が存在するのだ。「愛」が崇高さや得難さのイメージを帯びるのは、この、より高い、より完全な〝真の愛〟においてである。

愛は育て上げるもの

〝真の愛〟。それはいったい、いかに可能なのか?

――自分の尻でしっかりと座ること。すなわち、自己不安と、その反動ゆえのナルシシズム――自己の価値への過剰な執着――を乗り越えること。そして、「意志」を持つこと。わたしはこの人を、わたしとは絶対的に分離された存在として尊重するという、「意志」を持つこと。これら二つの条件を満たさない限り、わたしたちが〝真の愛〟を知ることはない。

しかしこれもまた、手の届かない彼岸的な理想などでは決してないし、さらに言えば、親の子に対する愛のような、ある種の特別な関係においてのみ可能なものであるわけでもない。

先にわたしは、大学で共に学ぶ学生や卒業生たちへの「ケア」の情を、ただ一言で「愛」と呼ぶことには躊躇いがあると述べた。「愛情」と呼ぶことに躊躇いはないが、多くの場合、「愛」と呼ぶには迷いを覚えると述べた。

しかしこのささやかな「愛情」が、「教師」としてのわたしのうちで、いつしか〝真の愛〟へと育て上げられることはある。それはもう、確かにあると言っていい。

わたし自身は、哲学徒であることを好み、「教育者」としてのアイデンティティはじつのところひどく欠いている。わたしが若者たちに求めるのは、学究の刺激的な仲間になってくれることであって、〝教え子〟になることなどではない。

しかし、これまでに幾人もの若い仲間たちと出会う中で、ようやく最近になって、わたしは「教育愛」の何たるかを少しは理解できるようになった気がしている。

「教育愛」。傲岸《ごうがん》な言葉である。気軽にこのような言葉を口にする教師など、とても信用することはできない。

しかしそれでも、それは確かにある。それはもう、疑いの余地なく、確かにあるのだ。

あなたはこのわたしの大事な〝教え子〟。「教育愛」には、そのようなある種の「合一感情」がある。

〝教え子〟。これもまた、傲岸な言葉である。彼／彼女の成長は、何もこのわたしの教育のおかげだけだったわけでもないだろうに。

しかしそれでもなお、「教育愛」において、わたしは彼／彼女はわたしの大事な〝教え子〟であるという思いを抱かずにはいられない。それは、理念的というよりは現実的な「歴史的関係性」の中で育まれた、少し先を行く者の、まだその道を歩み始めたばかりの者に対する情愛である。

このような情愛、その「合一感情」は、言うまでもなく、教え子をこのわたしの思い通りの存在に形作りたいとする欲望とはまったく相容れないものである。古代ギリシアの少年愛について論じた際にも述べたように、そもそも教育とは「分離的尊重」なくしては成り立たない行為である。相手を自分の思いのままに形作るのであれば、それは教育ではなく調教である。教育者は、〝教え子〟への「教育愛」などと気軽に呼んでいるものが、じつは愛の皮を被った調教欲望でないかつねに省みる必要がある。

教育という営みの一つの本質は、来るべき教師自身の存在の否定にある。教育を通して、生徒はいつか〝このわたし〟を必要としなくなる。ヘーゲルは、家族の本質の一つは子の独立を通した家族の「解体」にあると言ったが、それは教育一般の本質契機でもある。教え子の独立をもって、二人の間の教育関係は解体する。しかし「教育愛」は、まさにそのことをこそ目的とし、またそのことをこそ喜びとするのだ。

教育者としてのアイデンティティを持ち合わせてさえいない、未熟な教師であるわたしには、そのような「教育愛」などとても手の届かないものであるような気もする。しかしわたしは、いつかそれが手に届くだろうと確信しているし、白状するのはいささか面映くはあるが、じつのところ、多くの〝教え子〟たちに、すでにそのような「愛」を感じている。

「愛」は意志をもって育て上げるものである。そのことを、今のわたしはよく理解している。〝真の愛〟は、親の子に対する愛のような、必ずしも特別な関係においてのみ成立するわけではないのだ。

彼岸的な理想では断じてない。奇跡のような至難のものでもない。「愛」は、わたしたちが自分の尻で座り、自らの意志をもって、育て上げていくべきものなのだ。

あとがき

「愛」の本質解明は、わたしが二〇年近くもの間、いつかは挑戦しなければならないと考え続けてきたテーマである。

あの「人類愛」の啓示、あの恍惚体験は、いったい全体何だったのか？

哲学に出会って、わたしは「人類愛」の思想を捨てた。しかしそれでもなお、あの時、絶対的な実感と確信をもって得られたあの「人類愛」について、わたしは深く考え抜く必要があった。「愛」とはいったい何なのか？　この問いに、わたしはケリをつけなければならなかったのだ。

それから二〇年の月日が流れたが、今になって、わたしにはそれだけの時間が必要だったことが分かる。本書を書くためには、妻と、そして二人の娘に巡り会わなければならなかった。彼女たちに出会わなければ、わたしが〝真の愛〟を知ることはなかった。

「愛」の根本本質の一つである、「自己犠牲的献身」。

この言葉に行き当たったのは、二年半前、末の娘と、何日も片時も離れることなく過ごした石垣島《いしがきじま》の病院でのことだった。あの節に書いた話は、ほぼ実話だ。今も日に何度もフラッシュバックするあの恐ろしい光景、わが子の頭が、水面に静かに浮かんでいるあの光景を、わたしは一生忘れることができないだろう。償いの気持ちと、そしてまぎれもない「愛」と共に。

本書は、わたしの処女作『どのような教育が「よい」教育か』から幾度となくお世話になってきた、講談社の山崎比呂志さんにご担当いただいた。わたしがまだ「人類愛」の残《ざん》滓《し》に囚われている時分をよくご存じの山崎さんと共に、この本をどうしても作りたいという思いがあった。最初の原稿を読んで、「あなたにとって、この本はこれまでで最も大事な哲学作品なのでしょう？　それなら、もっともっと、もがけ」と言ってくださったことは、本書の執筆にとってだけでなく、まだ四〇に満たない未熟な哲学徒にとって、何にも代えがたい助言だった。

他の何冊かの著作も手がけながら書き続けた本書の執筆には、気がつけば二年以上を費やしていた。その間、山崎さんとの度重なるやりとりを通して、何度原稿を書き直したか分からない。今年定年を迎えられる山崎さんとの仕事は、おそらく本書が最後になるだろう。これまでのご恩に、心より感謝申し上げます。

二〇一九年七月

苫野一徳

引用・参考文献

フランチェスコ・アルベローニ著、泉典子訳『エロティシズム』中公文庫、一九九七年。

今道友信『愛について』講談社現代新書、一九七二年。

Ralph Waldo Emerson, "Spiritual Laws," in *The Complete Works of Ralph Waldo Emerson*, Vol. 2. Boston: Houghton Mifflin Company. 1903-1904.

オギ・オーガス、サイ・ガダム著、坂東智子訳『性欲の科学――なぜ男は「素人」に興奮し、女は「男同士」に萌えるのか』阪急コミュニケーションズ、二〇一二年。

小塩節『私のゲーテ』青娥書房、二〇〇二年。

越智啓太『恋愛の科学』実務教育出版、二〇一五年。

エルンスト・カッシーラー著、宮城音弥訳『人間――シンボルを操るもの』岩波文庫、一九九七年。

金子晴勇『愛の思想史――愛の類型と秩序の思想史』知泉書館、二〇〇三年。

イマヌエル・カント著、篠田英雄訳『純粋理性批判（上）（中）（下）』岩波文庫、一九六一、六二年。

イマヌエル・カント著、波多野精一・宮本和吉・篠田英雄訳『実践理性批判』岩波文庫、一九七九年。

キケロー著、中務哲郎訳『友情について』岩波文庫、二〇〇四年。

木村素衛『表現愛と教育愛』木村素衛先生論文集刊行会、一九六五年。

キルケゴール著、武藤一雄・芦津丈夫訳『愛のわざ（第一部）（第二部）』（キルケゴール著作集15・16）白水社、一九六四年。

九鬼周造『「いき」の構造』岩波文庫、一九七九年。

スーザン・クチンスカス著、白澤卓二監修・為清勝彦訳『愛は化学物質だった!?』ヒカルランド、二〇一四年。

倉田百三『愛と認識との出発』岩波文庫、二〇〇八年。

バリー・R・コミサリュック、カルロス・バイヤー＝フローレス、ビバリー・ウィップル著、福井昌子訳『オルガスムの科学――性的快楽と身体・脳の神秘と謎』作品社、二〇一五年。

キャスリン・サーモン、ドナルド・サイモンズ著、竹内久美子訳『女だけが楽しむ「ポルノ」の秘密』新潮社、二〇〇四年。

ウィリアム・シェイクスピア著、平井正穂訳『ロミオとジューリエット』岩波文庫、一九八八年。

ウィリアム・ジェイムズ著、桝田啓三郎訳『宗教的経験の諸相（上）（下）』岩波文庫、一九六九、七〇年。

マックス・シェーラー著、青木茂・小林茂訳『同情の本質と諸形式』（飯島宗享・小倉志祥・吉沢伝三郎編「シェーラー著作集8」）白水社、一九七七年。

アルトゥル・ショーペンハウアー著、西尾幹二訳『意志と表象としての世界（Ⅰ）（Ⅱ）（Ⅲ）』中央公論新社、二〇〇四年。

ゲオルク・ジンメル著、清水幾太郎訳『愛の断想・日々の断想』岩波文庫、一九八〇年。

R・J・スタンバーグ、K・ヴァイス編、和田実・増田匡裕訳『愛の心理学』北大路書房、二〇〇九年。

セネカ著、大西英文訳『生の短さについて 他二篇』岩波文庫、二〇一〇年。

竹田青嗣『恋愛論』ちくま学芸文庫、二〇一〇年。

竹田青嗣『欲望論（1）（2）』講談社、二〇一七年。

苫野一徳『「自由」はいかに可能か――社会構想のための哲学』NHK出版、二〇一四年。

苫野一徳『はじめての哲学的思考』筑摩書房、二〇一七年。

ドニ・ド・ルージュモン著、鈴木健郎・川村克己訳『愛について』岩波書店、一九五九年。

アンダース・ニーグレン著、岸千年・大内弘助訳『アガペーとエロース（1）（2）（3）』新教出版社、一九六三、六七年。

西田幾多郎『善の研究』岩波文庫、二〇一二年。

フリードリヒ・ニーチェ著、木場深定訳『道徳の系譜』岩波文庫、一九六四年。

フリードリヒ・ニーチェ著、原佑訳『権力への意志（下）』ちくま学芸文庫、一九九三年。

フリードリヒ・ニーチェ著、吉沢伝三郎訳『ツァラトゥストラ（上）（下）』ちくま学芸文庫、一九九三年。

フリードリヒ・ニーチェ著、丘沢静也訳『この人を見よ』光文社古典新訳文庫、二〇一六年。

ネル・ノディングズ著、立山善康他訳『ケアリング：倫理と道徳の教育――女性の観点から』晃洋書房、一九九七年。

マルティン・ハイデッガー著、関口浩訳『芸術作品の根源』平凡社、二〇〇八年。

マルティン・ハイデッガー著、関口浩訳『技術への問い』平凡社、二〇〇九年。

ジョルジュ・バタイユ著、生田耕作訳『呪われた部分』二見書房、一九八五年。

ジョルジュ・バタイユ著、酒井健訳『ニーチェについて』現代思潮社、一九九二年。

ジョルジュ・バタイユ著、出口裕弘訳『内的体験』平凡社、一九九八年。

ジョルジュ・バタイユ著、森本和夫訳『エロスの涙』ちくま学芸文庫、二〇〇一年。

ジョルジュ・バタイユ著、湯浅博雄訳『宗教の理論』ちくま学芸文庫、二〇〇二年。

ジョルジュ・バタイユ著、酒井健訳『エロティシズム』ちくま学芸文庫、二〇〇四年。

ロラン・バルト著、三好郁朗訳『恋愛のディスクール・断章』みすず書房、一九八〇年。

マルティン・ブーバー著、植田重雄訳『我と汝・対話』岩波文庫、一九七九年。

プラトン著、藤沢令夫訳『パイドロス』岩波文庫、一九六七年。

プラトン著、久保勉訳『饗宴』岩波文庫、二〇〇八年。

ジークムント・フロイト著、中山元編訳『エロス論集』ちくま学芸文庫、一九九七年。

G・W・F・ヘーゲル著、金子武蔵訳『精神の現象学（上）（下）』岩波書店、一九九五年。

G・W・F・ヘーゲル著、藤野渉・赤沢正敏訳『法の哲学（Ⅰ）（Ⅱ）』中央公論新社、二〇〇一年。

G・W・F・ヘーゲル著、細谷貞雄・岡崎英輔訳『キリスト教の精神とその運命』白水社、二〇一二年。

ジェシカ・ベンジャミン著、寺沢みづほ訳『愛の拘束』青土社、一九九六年。

ジェラール・ボネ著、西尾彰泰・守谷てるみ訳『性倒錯――様々な性のかたち』白水社、二〇一一年。

松井豊『恋ごころの科学』サイエンス社、一九九三年。

シャロン・モレアム著、実川元子訳『人はなぜSEXをするのか？――進化のための遺伝子の最新研究』アスペクト、二〇一〇年。

クリストファー・ライアン、カシルダ・ジェタ著、山本規雄訳『性の進化論――女性のオルガスムは、なぜ霊長類にだけ発達したか？』作品社、二〇一四年。

ラ・ロシュフーコー著、二宮フサ訳『箴言集』岩波文庫、一九八九年。

スザンヌ・リラール著、岸田秀訳『愛の思想――男と女の神話』せりか書房、一九七〇年。

C・S・ルイス著、佐柳文男訳『四つの愛〔新訳〕』（C・S・ルイス宗教著作集2）新教出版社、二〇一一年。

マルティン・ルター著、石原謙訳『キリスト者の自由・聖書への序言』岩波文庫、一九五五年。

講談社現代新書　2537
愛《あい》
二〇一九年八月二〇日第一刷発行
著者　苫野《とまの》一徳《いっとく》

発行者　渡瀬昌彦
発行所　株式会社講談社
東京都文京区音羽二丁目一二―二一　郵便番号一一二―八〇〇一
電話　〇三―五三九五―三五二一　編集（現代新書）
〇三―五三九五―四四一五　販売
〇三―五三九五―三六一五　業務
装幀者　中島英樹
印刷所　株式会社新藤慶昌堂
製本所　株式会社国宝社
定価はカバーに表示してあります　Printed in Japan

N.D.C. 100　221p　18cm
ISBN978-4-06-517047-2

「講談社現代新書」の刊行にあたって

教養は万人が身をもって養い創造すべきものであって、一部の専門家の占有物として、ただ一方的に人々の手もとに配布され伝達されうるものではありません。

しかし、不幸にしてわが国の現状では、教養の重要な養いとなるべき書物は、ほとんど講壇からの天下りや単なる解説に終始し、知識技術を真剣に希求する青少年・学生・一般民衆の根本的な疑問や興味は、けっして十分に答えられ、解きほぐされ、手引きされることがありません。万人の内奥から発した真正の教養への芽ばえが、こうして放置され、むなしく滅びさる運命にゆだねられているのです。

このことは、中・高校だけで教育をおわる人々の成長をはばんでいるだけでなく、大学に進んだり、インテリと目されたりする人々の精神力の健康さえもむしばみ、わが国の文化の実質をまことに脆弱なものにしています。単なる博識以上の根強い思索力・判断力、および確かな技術にささえられた教養を必要とする日本の将来にとって、これは真剣に憂慮されなければならない事態であるといわなければなりません。

わたしたちの「講談社現代新書」は、この事態の克服を意図して計画されたものです。これによってわたしたちは、講壇からの天下りでもなく、単なる解説書でもない、もっぱら万人の魂に生ずる初発的かつ根本的な問題をとらえ、掘り起こし、手引きし、しかも最新の知識への展望を万人に確立させる書物を、新しく世の中に送り出したいと念願しています。

わたしたちは、創業以来民衆を対象とする啓蒙の仕事に専心してきた講談社にとって、これこそもっともふさわしい課題であり、伝統ある出版社としての義務でもあると考えているのです。

一九六四年四月　野間省一